Raúl Allain

¡Palaciego In Memoriam!

Raúl Allain

¡Palaciego In Memoriam!

Selección de textos de Humberto Pinedo

JustFiction Edition

Imprint
Any brand names and product names mentioned in this book are subject to trademark, brand or patent protection and are trademarks or registered trademarks of their respective holders. The use of brand names, product names, common names, trade names, product descriptions etc. even without a particular marking in this work is in no way to be construed to mean that such names may be regarded as unrestricted in respect of trademark and brand protection legislation and could thus be used by anyone.

Cover image: www.ingimage.com

Publisher:
JustFiction! Edition
is a trademark of
International Book Market Service Ltd., member of OmniScriptum Publishing Group
17 Meldrum Street, Beau Bassin 71504, Mauritius

Printed at: see last page
ISBN: 978-613-7-38806-8

¡PALACIEGO
IN MEMORIAM!

(Selección de textos de Humberto Pinedo Mendoza)

Edición a cargo de Raúl Allaín

NOTAS DE HUMBERTO PINEDO MENDOZA AL EDITOR

"Raúl, si algo me pasa te pido que sigas publicando poemas, artículos de lo que tu consideres en mi blog. Sería una posta literaria muy satisfactoria".

"En caso me sucediera algo publica mi obra (…) que está en mi blog. (José) Beltrán ya sabe de la edición".

ÍNDICE

I

II

III

IV

V

I

¿QUÉ SOMOS HUMANOS O ZOMBIES? Y LA TECNOLOGÍA DE LAS COMUNICACIONES

Vivimos una época en que la tecnología de las comunicaciones está convirtiendo al hombre y mujer en personas deshumanizadas. No se respeta la privacidad del otro. No miden el peligro en las calles ni en el transporte. Son dependientes de estos aparatitos. Es decir, se han convertido en zombies, tecnológicos. Lo más dramático es que esto sucede en todo el mundo, en especial en los países desarrollados. En nuestro país es escalofriante la demanda de celulares. Cerca de diez millones los han adquirido. Se pueden imaginar la falta de comunicación familiar, social y estudiantil. Por eso estamos últimos en comprensión lectora y lógico-matemática.

¿QUÉ SOMOS HUMANOS O ZOMBIES?

Todos hablan sin reflejos, los humanos no tienen piedad del otro
los aparatos rompen el diálogo sin escrúpulo alguno que desprecio
nos sentirnos más que el otro y lo ajeno se nos impone muy torpe
el sudor se congela con seres que no conocen al prójimo caído.

Que palabreo ocultan sin reflexión y desperdician sus vidas
somos autómatas de celulares, videojuegos, tablets que atrofian
que nos separan de nuestro hábitat sensible y sin ternura amiga
sin emoción, sin raza, sin pasión que bárbaro saludo nos imponen.

Caminos vacíos, sin rumbo, sin miradas, sin amistad que nos cure
nunca amanecerá la flor que recoja los sueños de sus amantes
cruzando pistas, pasajes y calles con objetos que no perdonan
que nos vuelve zombies del otro, sin querer un pobre inhumano.

Cruzar los días sin amistad sin enamorar a la otra, sin placer
los humanos caminan huidizos, sin medir los peligros diarios
perdemos sus miradas que nos desprenden la dicha querida
al seguir la ruta que nos llevará al insensible despeñadero.

Ante cruel situación ignoro a estos mediocres parias sin futuro
que se olvidan de su prójimo que necesita alegría, comprensión
una mirada que los aliente, un abrazo que les alimente más sueños
así no quiero vivir con seres sin corazón, sin alma sin rumbo amigo.

Como premiar al niño que se entristece al responder una llamada
sin alientos que nos convierten del otro en pasajeros sin rumbo
volvamos a encontrar el camino de alivios, ensueños y de caricias
e ignoremos al imberbe que hablan sin sentido ni conciencia amable.

PERÚ. LOS NOTICIEROS TELEVISIVOS SON ESCUELAS DEL DELITO

SÍ señores, así como lo leen. Son escuelas del delito para los niños, adolescentes y adultos. ¿Y saben por qué? Al seleccionar reiterativamente en la TV algunos vídeos delictivos refuerzan con sus imágenes, audios y noticias las formas de infringir la ley a los niños. Si observan cómo presentan esos contenidos sensacionalistas de los delincuentes, violadores y asaltantes "in situ" y cuando están cometiendo el acto ilegal. Para esta gente lumpen aparecer en la televisión y ser conocidos es un triunfo a su autoestima. Es decir los "culturizan" anormalmente, sirviéndoles de taller o plataforma para cometer mejor un delito. Alimentan los impulsos negativos de esta lacra social y exacerban sus bajos instintos.

¿Se acuerdan de la marcha contra la agresión y la violencia contra las mujeres? Y qué se logró con esta campaña, que a este pueblo desadaptado le alimentaran más sus resentimientos, machismo y brutalidad y aumentaron los casos de feminicidio. Las campañas son para una población con cultura cívica, donde respetan las leyes y tienen algunos valores morales y no para este sector de 75% de peruanos que son personas anómicas y no ciudadanos que reflexionan. Lo dicen la mayoría de los Analistas y Consultores como los periodistas Agustín Figueroa, César Hildebrandt, Hugo Neira.

Vean los programas 9O segundos, noticieros del 4, 5, 9, y podrán comprobar que los contenidos en estos noticieros con respecto a los casos de delitos son magnificados y mostrados como una noticia audaz para el canal. Es decir como primicia informativa y el mismo caso es repetido tres a cuatro veces para que el receptor en este caso los niños y el adolescente logren consciente o subconscientemente conocer o asimilar lo que cometen estas personas. No piensan los dueños y productores de televisión que nuestra población necesita criterios mucho más sociales que les solucionen sus problemas domésticos. En México un adolescente casi mata a balazos a todos sus compañeros. Inmediatamente la población reaccionó pidiendo que estos contenidos se retiren de la TV porque incentivaban a otros niños inseguros a imitarlos.

Los casos del muchacho que en un hotel de Ayacucho cogía del cabello y golpeaba y arrastraba por el suelo a su enamorada. El de la piurana que su marido alcohólico lo golpeaba duramente en el suelo a su mujer. La madre que fue brutalmente golpeada por su hijo drogadicto. O cómo robar un banco y aprender paso a paso las formas como los delincuentes deben de robar en un hotel, restaurante, grifo o cualquier negocio. Y la reacción brutal de muchas mujeres que agreden a las autoridades policiales.

Repiten estos vídeos delictivos masoquistamente. Para defenderse dirán que ellos sólo informan. Mentira, porque basta con la reiteración, el levantamiento de las noticias, o agregar cuñas donde el ladrón comete su fechoría. Es decir lo muestran paso a paso a seguir en la cámara lenta en el momento que están cometiendo el delito, "lo que llaman en vivo". Están formando nuevos delincuentes en nuestros niños. Es decir futuros sicarios o gente insensible. Esta inconsciencia de algunos empresarios hay que denunciarla.

Me causa risa cuando escucho al Ministro del Interior Carlos Basombrío declarar que si no cumple con el objetivo de bajar la población delincuencial a fines de año renunciaría. Sería lamentable porque es uno de los ministros más exitosos, de carácter y con mucho liderazgo en la población policial. Como diría Hugo Neira el Perú es una sociedad sin valores. Por más buenos que sean los Ministros que se tengan jamás se van a poder resolver estos problemas. Agustín Figueroa dice podrá solucionase judicialmente la corrupción de Odebrecht en el Perú pero este país seguirá corrupto.

La solución a estos problemas lo tienen que asumir los jóvenes conscientes y progresistas que son la reserva moral. Tienen que ser integradoras y en forma coordinada con todas las fuerzas vivas del país, trabajadores, empresarios, estudiantes el Estado, las Fuerzas Armadas y algunos medios de comunicación. Los noticieros deben de auto-censurarse o auto-regularse con estas informaciones. Eso no es atentar contra la libertad de expresión sino más bien defender la moral y las buenas costumbres de los niños y adolescentes.

Como hacerlo si el Presidente de Prensa y Sociedad aceptan donativos económicos de la empresa brasileña Oldebrecht. Más bien hay que reforzarle sus conductas con buenos valores, buenos ejemplos, buenas conquistas sociales, y así poder sentirse orgullosos de ser peruanos y no vergüenza. En Cuba los programas de televisión como noticieros tienen la finalidad de formar a los ciudadanos. Es por eso que el pueblo consciente y defienden su revolución.

Con estos actos de corruptela, inmoralidad en los niños, reiteraciones masoquistas de noticias, videos están empujando a un gran sector de la población consciente y decente a radicalizarse. Nuestra lumpen burguesía no ha aprendido de los errores del pasado. Para cambiar estas inmoralidades apareció el gobierno revolucionario de Juan Velasco Alvarado pero las infantiles izquierdas que no estaban preparadas para estos cambios los sabotearon. Tres expresidentes de la República Alan García, Alejandro Toledo y Ollanta Humala implicados en actos de corrupción. De estos ejemplos nefastos se alimentan las nuevas generaciones. Para comprobar la distorsión de valores de nuestros jóvenes vean el *face* de Montesinos y observarán que las nuevas generaciones tratan al asesor como una persona muy inteligente por no decir un héroe.

Los valores de los jóvenes peruanos están desorientados. Si no hay decisión política para reformar estos actos inmorales vamos a caer en las manos de futuros golpistas de derecha o de izquierda. El actual Presidente de los EEUU Donald Trump y el Presidente de Filipinas Rodrigo Duterte son la nueva clase política antisistema, pragmática, moralizadora y que usando la concentración del poder están tratando de cambiar a sus países por las buenas o por las malas. Ojalá que en nuestra TV se replanteen antes que sea demasiado tarde.

LA TV NACIONAL EMBRUTECE A LOS PERUANOS

Había que ser cultos para animar en la TV. En cambio, ahora hay que ser pintoresco, vulgar o escandaloso para dirigir un programa. Es decir, a los productores de la tv peruana no les interesa que la educación peruana vuelva a estar último en la evaluación educativa de PISA en el mundo porque según ellos su función social es la de entretener e informar. Viven en el limbo de la insensibilidad y mediocridad.

Desde hace 40 años la tv peruana se encarga de emitir programas "que le gusta a nuestra gente". La población peruana gusta de lo frívolo y superficial porque la mayoría de ellos apenas tienen primaria o secundaria deficiente. No es un pueblo reflexivo que dialoga sino más bien es una población que le gusta humillar buscándole errores o defectos a su prójimo. Augusto Ferrando, Magaly Medina y Laura Bozzo tenían récord de sintonía y los anunciadores estaban felices.

Los políticos como sanguijuelas permiten esta degradación porque sostienen que no pueden atentar contra la libertad de expresión. Falso esta gente viven de la promoción o de las cuotas de difusión que les dan estos programas embrutecedores- César Hildebrandt. Si seguimos con en esta situación de banalismo vamos a convertirnos en un pueblo que de vergüenza. Es decir, una republiqueta o los apestados sociales en el mundo. Ya la UNICEF ha cuestionado a los canales de tv peruano a que cambien esos tipos de contenidos inmorales. Igual, no hacen caso a esta organización mundial

Si un paciente tiene una enfermedad terminal su tratamiento es de schock o de emergencia. Lo mismo sucede con nuestra tv peruana. Si no se auto regulan y apoyan al Estado a mejorar sus contenidos basura o chatarra pensando en el bajo nivel intelectual de nuestro pueblo corremos el riesgo de que un aventurero burócrata o funcionario del Ejecutivo lo haga como fue la OCI, lógico mejorando esa experiencia militar. O que se produzca un golpe de estado militar y se tomen los medios de comunicación con el pretexto de que no respetan los derechos humanos de las mayorías.

CAMBIAR DE CANAL

Esa posición de los dueños, gerentes y productores es errónea. Si a este pueblo ignorante o inculto les gusta la droga hay que darle más droga y escándalo porque da rating Si no le gusta el programa que cambie de canal. Insostenible ese argumento porque la mayoría de sus programas faranduleros o policiales con sus mensajes ya están grabados subliminalmente en el subconsciente colectivo de la población como lo sostienen algunos psicoanalistas sociales. Pero lo más crítico que mucho de estos programas se realizan en el horario familiar sin respetar el art 40 de la ley 28278 donde se norma que los contenidos no deben de afectar los valores de la familia de los niños y de los adolescentes

Los dueños de tv peruana están agrupados empresarialmente por grupos que tienen diferentes medios de comunicación. O concentran los medios o los acaparan como "El Comercio" no les interesa educar a la población más bien aducen que esa función le compete al Ministerio de Educación o a los padres de familia. Que ellos se encarguen de seleccionar los programas a sus niños o adolescentes. Es decir, que este enfermo social que es el pueblo con sus antivalores se verán reforzados con los contenidos intrascendentes que les proporciona la tv peruana. Como decía Héctor Béjar hay que luchar por el pueblo, pero no hay que idealizarlos porque también se equivocan Y más cuando están desinformados por los medios.

Inconcebible programas faranduleros o escandalosos, asesinatos, violencia y sangre que nos proporcionan los noticieros es lo que ofrecen los medios. Aducen que toda esa cantidad de delitos no los han provocado ellos. Claro pero sus jefes de redacción son los que seleccionan los contenidos para esa población ignorante de acuerdo a los censos y encuesta de opinión internacionales y de algunos especialistas en sondeos de opinión en América Latina. De acuerdo a la evaluación Pisa del 2015 se salvan Chile y México como los países que tienen una educación eficiente. Esto es muy cierto Conozco ambos países y se percibe una mejor educación en los jóvenes y adultos de dichos países

Por eso estoy de acuerdo con Humberto Martinez Morosini cuando decía que en su época para dirigir un programa había que ser cultos, Pablo de Madalengoitia y Alfonso Tealdo que despertaban el criterio social y político de la población y formaban opinión y no tenían la mentalidad mercantilista de ahora Los jóvenes peruanos tienen que reaccionar constantemente contra esta televisión basura que forma generaciones mediocres e insensibles de sus propios problemas familiares como nacionales. Es decir, crean personas demasiados individualistas sin conciencia social y amor a su patria

Por eso la tv no solamente embrutece y desinforma de acuerdo a sus intereses políticos y económicos. Lo vemos cómo funcionan con cinismo y desparpajo. Por ejemplo, estos medios cuando informaron lo sucedido en Venezuela. Les realizaron una campaña mediática malsana aduciendo que en este país no había democracia. Entonces como ganó la oposición las elecciones parlamentarias. Salvo Telesur y otros canales europeos nos proporcionaron una verdadera e imparcial información de lo que sucedió en ese país y en el mundo.

EN NOMBRE DE DIOS, CUÁNTOS MILLONES DE PERSONAS HAN MUERTO

Invasores españoles y terroristas del "Estado Islámico" genocidas y mesiánicos

Es increíble como en todos los siglos los fundamentalismos, los sectarismos y el fanatismo religioso están ocasionando el exterminio de millones de personas sin contemplaciones. Es decir que con el pretexto de imponer su credo aniquilan a otros seres humanos de otras religiones o a los no creyentes si no aceptan sus ideas. O sino tratan de obligarlos a la fuerza con leyes o con torturas. Como lo hicieron los cristianos europeos cuando llegaron a invadir nuestro continente.

Históricamente encontramos al Emperador Constantino que después de haberse convertido al cristianismo ocasionó una carnicería contra sus hermanos romanos que en ese momento los consideraba paganos o bárbaros. En la Edad Media fue peor la intolerancia religiosa porque se obligaba a los monarcas a que profesaran una sola fe Fue por eso que los cruzados arrasaron con pueblos árabes en la llamada Guerra Santa Ahora entiendo porque los musulmanes o islamitas consideran infieles a los católicos.

AMERICA Y ASESINATOS

Fueron los papas Alejandro VI, Adriano VI y Julio II quienes con sus bulas canónicas ordenaron la evangelización de América .Es decir el exterminio de las otras culturas y religiones indígenas. .Los encargados fueron los invasores españoles y portugueses que diezmaron a miles de indígenas Arawac y otras etnias en América central. Fue tal el genocidio que los traficantes de esclavos portugueses tuvieron que traer gente africana a estos pueblos.

De la misma forma en América del norte en donde los puritanos evangélicos o cristianos ortodoxos imponían una fe bíblica irracional. Pretendían por ejemplo que los 10 mandamientos fueran leyes terrenales y que estuvieran en las futuras constituciones, Es decir la religión influenciando en la vida social y política de sus ciudadanos .Miles de indígenas Pieles Rojas, siux murieron en las manos de estos fanáticos protestantes ingleses, holandeses, irlandeses que se consideraban providenciales.

En la época de la Conquista en América del sur tenían dos posiciones católicas irreconciliables La del padre Sepulveda y la del padre Bartolomé de las Casas. El padre Sepúlveda consideraba que los indígenas no eran seres humanos y que necesitaban de una protección y evangelización. Bartolomé de las Casas en cambio decía que los indígenas eran dóciles y que había que entenderlos en su propia cultura. Así vemos como los curas y los encomenderos fueron los instrumentos legales y de represión de los reyes de España para destruir y someter a los pueblos indígenas. Los invasores cada vez que ingresaban a destruir un pueblo enarbolaban una cruz y la imagen de Santiago.

Las culturas aztecas, maya, e inca sufrieron las mismas imposiciones genocidas de los invasores hispanos que no permitían que otros grupos humanos vivieran con su propia fe, su propia cultura. No se les permitía que desarrollaran sus propias creencias, se les mataba aventándolos a perros feroces-Juan José Vega-se les perseguía sus costumbres y creencias y se destruía sus ídolos, huacas. Así encontramos al cura cuzqueño y exterminador Francisco del Ávila ordenando en Huarochirí que se aniquile todo lo que es creencia indígena las buenas o a a las malas imponían su cristianismo-Fin de las idolatrías.

No hay que olvidarnos que en el caso del Inca Atahualpa debido a un ardid o trampa que le hizo el padre Valverde con la biblia en Cajamarca es que los chapetones capturaron al último inca Es decir el papel de la iglesia católica para la destrucción de nuestra cultura ancestral .Menos mal que no lograron desaparecerla.

SIMILITUD

Lo que está sucediendo con los pueblos árabes en la actualidad les sucedió también a los indígenas peruanos. La presencia desquiciada de las hordas terroristas de ISIS o Estado Islámico destruyendo los patrimonios históricos de la humanidad-, budas, cuadros, esculturas Es un crimen de lesa humanidad o lesa cultura. La ignorancia contra la barbarie.

Este fenómeno religioso y social sucede cuando impera la alienación religiosa sobre los principios morales y legales de una nación No son pueblos laicos y son gobernados por iglesias sectarizadas o mesiánicas .Lanzar a homosexuales desde la azotea de los edificios o canonizar la esclavitud y la agresión a la mujer en caso de adulterio como dice el Islam es aberrante e inhumano para aceptarlo como el principio de reivindicación moral de una religión.

El criterio de los fundamentalistas es que su verdad es intocable e inalienable casi sagrada. Tremenda barbaridad. Con ese criterio los europeos cristianos se mofan de Mahoma en la revista francesa "Charlie Hebdo". Que sucedería si harían lo mismo los islamitas con Jesucristo caricaturizándolo como un homosexual, o de un rabino colocándolo como un desquiciado. O que se burlaran de algunas frases del Corán, de la Biblia o del Talmud. Ahí si reaccionarían. Es decir no son tolerantes y esto es antihistórico.

LA SALUD NO ES UN NEGOCIO. LABORATORIOS Y NATURALISTAS

Los naturalistas en el mundo con sus excelentes métodos, terapias y curaciones populares desde la antigüedad están jugando un papel confrontacional con la medicina de los grandes laboratorios farmacéuticos multinacionales. He podido comprobar en muchos pacientes y amigos que la sanación de sus males es posible. Y más cuando no solamente es hipnótico, sugestivo o de azar si no también es comprobable en su tratamiento. Esta posición de alternativa debería de ser tomada en cuenta por los gobiernos que apoyan a los grandes laboratorios que lucran con la salud de los pueblos.

Por eso considero que los gobiernos deberían de apoyar a estos trabajadores naturalistas en la investigación y la difusión de sus plantas y terapias tanto como un instrumento curativo o como alimento. Estas medicinas alternativas o complementarias deben de ser usados por los pueblos pobres o emergentes que conocen del éxito de sus plantas. Tanto en la costa, sierra o selva. Lógico que con el apoyo tecnológico de la medicina científica. Diferentes análisis, radioterapia, gammagrafía, ecografías, tomografía y cirugía.

Quien va a negar que los pobladores de las comunidades nativas que tienen una experiencia milenaria curan sus enfermedades con yerbas para la infección, el dolor, la fiebre Esto sucede también en la China. Por ejemplo, las enfermedades del hígado o hepatitis C son curadas con el palillo o cúrcuma. Como también en la sierra, donde las comunidades andinas usan las plantas curativas con gran éxito desde épocas inmemoriales. En este caso tiene razón Santiago Antúnez de Mayolo quien escribió la Nutrición en el Antiguo Perú y en donde nos demuestra que las plantas que se sembraban en ese tiempo eran muy energéticas y de gran contenido proteico como de minerales Ahí tenemos a la maca, la quinua, la cañihua, soya, la oca

MEDICINA ALTERNATIVA

Llamada también como medicina complementaria o germánica y en donde se encuentran la natura terapia, quiropráctica, curaciones vegetales, acupuntura, medicina ayurvédica y es de gran valor complementario y curación efectiva. Antúnez de Mayolo nos proporciona ejemplos como la maca tiene un alto porcentaje de zinc y fortalecía a los guerreros incas, como también la mashua.

Pero fue el Dr. Hamer quien cuestionó a la medicina convencional por considerarla lucrativa e inhumana y estudió las causas de las enfermedades y su curación natural. Por tomar esta audaz decisión terapéutica fue sentenciado en varias oportunidades pero logró ser escuchado por las comunidades científicas .Refiere como con la marihuana se cura algunas enfermedades

Pero el Dr. Hamer fue más allá al sostener que la aparición de las enfermedades tienen causas de frustración, traumas. Y que al no poder resolver sus conflictos se crean "cuestiones patológicas bacterianas" que se incuban y proyectan desde el cerebro. Es decir que nosotros incubamos en nuestro organismo nuestras propias enfermedades como consecuencia de desequilibrios emocionales, biológicas u hormonales o de stress Por ejemplo la gastritis y los dolores estomacales son curadas con el paico y las inflamaciones son curadas con el yanten

Lo que dice este doctor Hamer de los laboratorios es muy cierto cuando comprobamos como las multinacionales como Gilead Sciencies han desarrollado las pastillas del Sofosbuvir para la curación de la hepatitis c pero que su tratamiento curativo cuesta 80 mil dólares en 12 semanas. Este producto ha llegado a Egipto y Argentina en donde han logrado negociar el costo del producto Pero siempre es muy caro y no puede ser usado por los sectores populares En España se realizan mítines para que sus gobiernos adquieran este producto costosísimo y que mata a muchas personas

Debido a las miles de curaciones que se realizan con el experimento científico y naturalista en Cuba se están logrando producir una serie de productos farmacológicos de bajo costo en enfermedades consideradas últimamente como incurables. Así tenemos el cáncer y la leucemia. Son estos médicos cubanos que tienen mucha conciencia social que realizan estos experimentos científicos y tratamientos naturales con mucho éxito en el mundo. Por eso son los mejores especialistas de diferentes enfermedades. Quien no va a valorar el gran gesto humano de estos galenos que desinteresadamente viajaron al África para curar a miles de pacientes que sufrían del Èbola con el único precio del servicio a la comunidad.

REDUCCIÓN DE LA DESNUTRICIÓN CRÓNICA INFANTIL EN EL PERÚ

Algunos métodos de prevención y tratamiento social son positivos

Debido a los últimos programas sociales los resultados de la Encuesta Demográfica y de Salud Familiar del 2012, realizado por el Instituto Nacional de Estadística e Informática (INEI) indican que en el Perú la desnutrición crónica en los niños menores de cinco (5) años alcanzó el 18,1%, lo que representa una disminución de 1,4 puntos porcentuales con relación al año 2011 y de 12,9 % respecto al año 2000 (31,0%) según el patrón de medición de la Organización Mundial de la Salud (OMS).

Según departamentos los mayores índices de desnutrición crónica se registran en Huancavelica con 51,3% en Cajamarca 36,1%, Loreto 32,3%, Apurímac 32,2%, Ayacucho y Amazonas con 30,3% cada uno, mientras que los mejores índices se presentan en Tacna 3,3%, Lima y Callao 6,1%, Arequipa 6,9%, Ica 8,0%, Tumbes y Moquegua 8,5% cada uno. Los resultados de la ENDES 2012 muestran que el 73,9 % de niños entre 18 y 29 meses de edad recibió todas las vacunas que les corresponden a su edad, cifra superior en 2,9 puntos porcentuales. A nivel de América junto con Honduras, Bolivia presentan la mayor proporción de niños con vacunas básicas completas.

REDUCCIÓN

En Perú disminuye la mortalidad infantil tanto en el área urbana como rural. En el 2012 por cada mil niños que nacieron vivos 17 murieron antes de cumplir el primer año de vida. En el 2009 murieron 20 niños en el área rural, el ritmo de descenso fue mayor que en el área urbana.

El 15 departamentos la atención prenatal superó el promedio nacional. Por eso el 94,4% de los nacimientos recibieron cuatro a más visitas de control prenatal que permiten la prevención, diagnóstico y tratamiento de los factores que ponen en riesgo la vida de la madre y del feto. A nivel nacional los nacimientos que recibieron cuatro o más controles prenatales superaron el 90,0% en 21 departamentos destacando Arequipa con 97,5% Lima y Callao 97,0% y Moquegua con 96,4%. También se observa en el 2012 que el 86,7% de los partos registrados fueron atendidos por profesionales de la salud, es decir un médico, un obstetra o enfermera en hospitales del Estado o privados.

Luego de acuerdo a los resultados de la Encuesta Demográfica y de Salud Familiar se muestra que el 50% de las mujeres en edad fértil tienen su primer hijo antes de los 22 años. En Lima las mujeres tienen su primer hijo a los 24 años. De la misma forma 57 de cada 1000 mujeres de 15 a 49 años viven en unión conyugal. Es decir que el 33,9% de las mujeres en edad fértil son convivientes, el 23,1%, casadas el 32,8%solteras. El O,4 % viudas y divorciadas y el 9,4% son separadas.

PLANIFICACIÓN

La mitad de las mujeres tiene su primera unión conyugal antes de los 22 años. El 50 % de las mujeres en edad fértil tuvo su primera unión conyugal antes de cumplir los 22 años de edad. En la selva las mujeres se unen conyugalmente a los 19 años, en la sierra a los 21 años, en el resto de la costa a los 22 años y en Lima metropolitana a los 24 años.

De la misma forma el 50% de las mujeres entre 15 y 49 años de edad tuvo su primera relación sexual antes de cumplir los 19 años de edad. Según ámbito geográfico se aprecia que en la selva la mitad de la mujeres en edad fértil tuvo su primera relación sexual antes de cumplir los 17 años, mientras que en Lima y el resto de la costa y sierra a los 19 años en promedio.

En el 2012 el 13% de los adolescentes a nivel nacional son madres o están esperando a su primer hijo. Según departamentos se aprecia que en Loreto el 32%,2% de los adolescentes ya son madres o están embarazadas. San Martín 27,2% y en Tumbes 27,O%.mientras que los departamentos donde hay menos madres adolescentes son Arequipa con 5,2%,Tacna 6,9% y Lima 7,87%. También el 75,5% de las mujeres en edad fértil utilizan métodos anticonceptivos. El método anticonceptivo es el de la inyección y sigue siendo el más utilizado. El 67,6% de los niños menores de 6 meses recibieron lactancia materna exclusiva, resultado positivo que se mantienen desde los últimos años.

Se ha incrementado el conocimiento sobre el Sida en las mujeres en edad fértil. Los resultados de la ENDES del 2012 muestran un aumento en el conocimiento del Sida en las mujeres en edad fértil, lo cual demuestra en el 97% de las mujeres que fueron entrevistadas dijeron tener conocimiento de esta enfermedad.

Luego en los últimos 12 meses, 13 de cada 100 mujeres fueron víctimas de violencia física, psicológica o sexual. Es decir, agresión por parte del esposo, ya sea por empujones, bofetadas o sacudidas, torceduras de brazo, golpe de puño, patadas o arrastres, afectó el 13% de mujeres, sin embargo todas estas formas de agresión muestran una disminución.
El 34,4% de los adultos mayores de 60 años padecen de hipertensión arterial, enfermedad que afecta a varios órganos del cuerpo, entre ellos el corazón, riñones, arterias, ojo y cerebro. Los departamentos con mayor porcentaje de adultos mayores con hipertensión arterial son San Martin 42,7%Ica 41,4% Tumbes 40,4% y Lima y Callao 39,9%.¨

DONACIÓN DE ÓRGANOS - HAY EN TI ALGO DE MÍ

A pesar de existir médicos especializados y equipos modernos de primer nivel para realizar las operaciones de trasplante de órganos no se pueden salvar vidas importantes de muchas personas porque somos muy egoístas con nuestras decisiones humanitarias con los que verdaderamente lo necesitan. Sabían que más de 9 mil peruanos esperan la donación de un órgano. El Perú tiene una de las tasas más bajas de trasplantes de riñones en el mundo. A nivel normativo se está tratando de persuadir a los ciudadanos para que tomen mayor conciencia y puedan donar algún órgano y así darles sentido a sus vidas a muchas personas.

Cerca de 3000 personas mueren al año por falta de donaciones. Esta indiferencia no se justifica si tenemos una población que profesa ideas cristianas o católicas y que les enseñan desde pequeños a amar a sus semejantes como a sí mismo. Es decir los prejuicios de un sector de la población ocasionan que no sean solidarios con sus semejantes. A pesar de las campañas subliminales que se realizan en los diarios y la televisión para revertir esta situación, no nos olvidemos que en las donaciones es importante que sean compatibles el tipo de sangre, el tejido, la altura y el peso.

Esta situación debe de variar por el bien de todos. Pero también hay que tomar conciencia del porqué las personas no colaboran a pesar de que algún día lo pueden necesitar de emergencia. Los órganos que se pueden donar son el riñón, el hígado, el corazón, el pulmón, páncreas, la médula, y los huesos, las córneas. Ante las futuras evidencias de desgaste o degeneración de las partes de nuestro cuerpo debemos de emitir decisiones positivas que es la de entregar un órgano al morir. Aunque sea a un familiar querido si son muy rebeldes con la entrega de un órgano.

Debemos de tomar el ejemplo solidario de países como los EEUU y Europa que baten los récords de donaciones. Es increíble la insensibilidad y el poco interés de ayudar o colaborar con sus hermanos, amigos o familiares de nuestra población de 30 millones de habitantes y que solo hay 6200 personas que están registradas como donantes en el Perú .El trasplante de riñones es uno de los que tienen mayor demanda por las personas que sufren de insuficiencia renal,ya que el que dona puede ser una persona que sobrevive.

En el 2016 se han realizado 77 trasplantes pero hay más de 9000 personas que están esperando que le donen un órgano de urgencia. En nuestro país con la aprobación de una declaración jurada del donante se puede realizar el trámite de emergencia de donar y darles la oportunidad a otros seres humanos para que puedan volver a vivir. No te olvides que pueden ser tus padres, tus hijos u otro familiar Espero que los adultos reflexionen con estas ideas muchas veces religiosas y cambien de opinión. Uno debe vivir para servir. Si no terminamos como uno más del montón que no hizo nada trascendente.

ESSALUD hasta el momento ha realizado 4592 trasplantes desde 1969. Sobresaliendo las de los riñones con 2294, la córnea con 1588, la del hígado 100, la médula ósea 577 y el corazón 39. Todos estos trasplantes con éxito en la recuperación de los pacientes. Por eso hay que recordar que un solo donante puede salvar 10 vidas proporcionando 2 córneas, 1 corazón, 1 hígado, 2 pulmones, 2 riñones. De acuerdo a las últimas estadísticas sólo hay 3 donantes por cada millón y que 60 personas mueren al mes por falta de donantes.

Pero también hay que tomar en cuenta que para que el trasplante de órganos obtenga buenos resultados debe de cumplir con las condiciones necesarias de asepsia. Otro problema es que los futuros donantes no sean de alto riesgo como son los enfermos de hepatitis, portadores de sida, papilomas o alguna enfermedad infecto-contagiosa. Como también influye el factor de la edad avanzada que en este caso la mayoría de los órganos ya están gastados o deteriorados. Muchas veces estas donaciones se dan con personas compatibles y el receptor no conoce al donante. En lo posible se realiza en forma anónima. Los trasplantes se realizan con pacientes en estado de coma, test grave.

Hay que tomar conciencia social de que hay 2000 pacientes que requieren de una cornea y 3000 que necesitan de un riñón. Estos donantes deben de tener más de 18 años y que no corran el peligro de sus vidas y exista compatibilidad inmunológica. A los jóvenes les solicitamos su apoyo social en la divulgación de estas peticiones médicas como humanas. Hay muchos equipos médicos especializados de última generación en los hospitales Guillermo Almenara como en el Edgardo Rebagliati listos para realizar las intervenciones.

En ESSALUD del 2013 al 2015 se han realizado más de 1000 trasplantes. En la actualidad hay 15OO asegurados en espera de una donación oportuna logrando que muchas personas desahuciadas vuelvan a vivir. De ti depende que los pacientes vuelvan a sonreír para la felicidad de toda su familia. Y también es otra opción para seguir viviendo dentro del cuerpo de otra persona. Es un acto de amor al prójimo.

CAMPAÑA

Es muy importante que se realicen campañas de difusión masiva para el fomento de la donación en los medios de comunicación para que así el ciudadano de la calle done algún órgano o varios. El Ministerio de Educación debe de realizar charlas de orientación de las donaciones de órganos en los colegios, institutos, universidades y escuelas militares.

Sigamos el ejemplo anecdótico de un paciente que murió en un accidente automovilístico en Suecia y que los médicos le trasplantaron un corazón al futuro novio de la hija del occiso. Recién llegó a saber de esta operación cuando ya estaban casados. Es decir que en el momento del feliz matrimonio estuvieron presentes, novio, novia y padre. Lo que pueden lograr los buenos sentimientos, la toma de conciencia de su prójimo y la ciencia médica.

II

LA INCOMPARABLE CUBA SOCIALISTA - MIS EXPERIENCIAS Y RECUERDOS

El silencio hace mucho ruido

Visitar Cuba con su socialismo tropical y muy revolucionario ha dado sus frutos en la población. Sus resultados se encuentran en la Educación, la Salud, el Deporte, en la alimentación, en lo musical y en la vivienda. Reencontrarme con los íconos de la revolución, sus tradicionales calles, sus atractivas arterias de la Habana vieja un paseo por el viejo malecón y visitar el famoso cabaret de "La Tropicana". Escuchar los temas inolvidables de la época de oro en cualquier lugar de esta ciudad inolvidable. Como también percibir el agradecimiento eterno que le tiene el pueblo cubano a su guía Fidel Castro.

Al producirse la revolución socialista en 1959 se nacionalizó las propiedades de los hacendados y oligarcas. Encontramos estos edificios o residencias que sirven de instituciones culturales, sociales, sindicales o de embajadas. Aunque la Habana vieja con su variado clima y humedad ha dañado los frontis de los edificios llenándolos de hongos pero se mantienen llenas de tradición. Cada vez hay más hoteles y otras instituciones sociales por la gran demanda que tienen con la visitas de extranjeros y turistas.

Tal es el avance de la medicina en Cuba que se exportan medicinas al extranjero en especial para la Malaria, Colesterol, como para la Hepatitis A y B, como el cáncer prostático. Al comienzo de la revolución habían 32 mil médicos y solo quedaron 57. La salud pública está asegurada en la población. Hay.54 mil nuevos médicos que están en Cuba como en el extranjero ofreciendo sus servicios sociales de medicina general como de oftalmológica y odontología donde son muy eficientes.

La mortalidad infantil se ha reducido a 4.6% y en EEUU es de 7% y la esperanza de vida es de 78 años. Hay médicos de familias en todos los barrios populares como prevención y de vacunas. Visitas permanentes para mujeres embarazadas y maternidad asegurada, comedores en zonas rurales. Las madres tienen un año de licencia cuando nacen sus bebés. Como también hay proyectos sociales para los de la tercera edad. La mayoría de la población tiene tarjetas de abastecimiento o libretas que les sirven para recibir sus alimentos. Esta la proporcionan por familia. Un 27 % de la población viven de esa tarjeta. Los niños tienen su leche asegurada.

Hay 249 represas implementadas para la Agricultura. En Cuba hay centros geriátricos en la mayoría de las ciudades, círculos infantiles, servicio de oftalmología, y trabajan médicos especializados para apoyar a los discapacitados. Es decir es un país con una economía de servicio social. Cuba apoya mucho a Venezuela y otros países de América y el África con el aporte de médicos especializados para sus pueblos marginales. Se trabajan ocho horas diarias con el CUT pagan sus servicios, hay otro CUT con la imagen del "Che". Hay cierta desmotivación de los médicos y maestros por los bajos sueldos. El gobierno ha prometido aumentarles el salario.

Cuba vive de la ganadería de acuerdo a las necesidades del Estado, los guajiros son muy reconocidos y valorados. Se crían búfalos, hay fábricas de tabaco en Pinar del Rio, como de ron, de café, las casas son tipo francesas, muchas de madera y pintadas muy ordenadamente. La venta de cigarro es muy original, sus marcas tienen el nombre de "Romeo y Julieta", el "Conde Montecristo". El cubano gusta mucho de la lectura y de participar en espectáculos culturales, la Sinfónica y de la propia música cubana. En el hotel donde me hospedé gocé de la forma como una chica de 22 años cantaba con que sabor, saoco y azúcar.

Se acuerdan mucho del inolvidable Benny Moré, a Carlos Puebla con la canción del "Che", en la bodeguita del medio hay fotos de muchos intérpretes salseros, como de la Vieja Trova. El ron también se prepara con la "guayabita". Vimos un mural de la prehistoria realizada por Leovigildo González, alumno de Diego Rivera. Sorprendente el teatro Carlos Marx, su sala de convenciones donde se realizan las grandes conferencias internacionales, la avenida de las embajadas.

Visitamos las Cuevas del Indio donde me resbalé y casi caigo a las aguas subterráneas si no fuera por mi esposa que me cogió a tiempo. La educación pública se proporciona hasta la graduación. No hay analfabetismo. No hay corrupción de funcionarios como los hay en otros países americanos o el Perú. Inmediatamente lo meten a la cárcel. Es un país muy seguro y tranquilo, y su gente es muy afectuosa y noble. Hay cooperativas de producción de puros. Los hoteles como estas cooperativas son administradas por el Estado.

Compran algunos productos con el CUT que sirve para pagar servicios Como en las cooperativas de pollos, de ron y de cigarros están en manos del Estado. El ron con el que toman "el mojito" es muy valorado por los turistas. Hay dos cervezas que son "El Bucanero" y el "Cristal". Y el ron de Santiago de Cuba, como el Habana Club. Así llegamos a la Plaza de la Revolución y encontramos el monumento de José Martí, como al frente de un edificio las imágenes del "Che" Guevara y de Camilo Cienfuegos. También me admiré con la arquitectura del Capitolio que fue inaugurada en 1929 y que sirvió de Congreso. En la actualidad está siendo restaurada.

Hay avisos como "la revolución es para construir". En la Plaza de Armas hay muchos vendedores de libros cubanos. A nivel de canales el ACN también pasan los canales de Telesur, el alemán ,el francés, talleres nutricionales, películas europeas, como programas de debates sociales, educativas, musicales. Salimos a a pasear en un automóvil Special de 1957.Los hay el Oldsmobile, Chevrolet. Estos carros están muy bien cuidados. Aunque hay nuevos micros o guaguas "que están llegando". Abundan los ómnibus de turismo de "Cuba Tours".

La curiosidad nos llevó a conocer el famoso cabaret de la Tropicana que era un centro de espectáculo de mambo, rumba, chachachá y de bailes muy antiguos. Recordé al Trío Matamoros, la Tongolele y la época de oro de la Matancera. Hay muchos centros turísticos y de espectáculos que son de primera. El 65 % de la población está en la ciudad y el 25% es rural, hay consejos populares muy efectivos para el trabajo como el consejo popular Camilo Cienfuegos.

En la Habana las casas son de tipo colonial, republicana, española como francés. Hay muchos museos, la casa de Hemingway, la bodeguita del medio. El cubano se siente muy orgulloso de serlo, no hay ladrones el turismo se ha incrementado. Hay muchos grupos de cantantes y de orquestas en las calles que cantan temas antiguos de maravilla. Cuba recibió 3 millones de turistas en el 2015, se construyen nuevos hoteles, el año pasado habían 5ooo hoteles. Las propinas de los turistas son muy deseados por los cantantes, artesanos y guías. En este país no hay mendigos ni prostitución.

El centro de la Habana es hermosa lleno de iglesias, catedral, restaurantes, museos. Muchas se están restaurando. Hay mucha demanda de canadienses. Sobresale el malecón dela Habana con un monumento al poeta Nicolás Guillén. Es muy romántico este trecho. El centro histórico tiene dos mil metros cuadrados. Hay una mezcla de africano, francés, español y chino en las razas de Cuba. Destacan las calles de Santa Isabel, Florida y el malecón habanero. También sobresale e hotel "Los Frailes" con un ambiente de abadías del medioevo.

Recorrí las playas de Varadero con sus arenillas blancas muy limpias, y la multiplicidad de hoteles, de carruajes, de automóviles antiguos. Visité la casa de Al Capone en donde este mafioso realizaba sus tratativas comerciales ilícitas. El mercado de artesanía donde prima la espontaneidad creativa del lugareño. Muchas casas son de un corte afrancesado. Cuba es una atracción y el cubano está orgulloso de su ciudad. A pesar que añoran tener más contacto con otros países por medio del Internet y el correo que es muy limitado. Da la impresión que esta apertura con EEUU ha dado confianza a los jóvenes cubanos que presagian mejores tiempos.

El boicot económico de EEUU y sus aliados europeos repercutió negativamente en el desarrollo social de la población. Pero el gobierno ha logrado supervivir hidalgamente con el turismo, la ganadería y la agricultura, desde 1990 en que la URSS dejó de apoyarlo Cuba es un ejemplo de país digno que siempre ha luchado por la autodeterminación de los pueblos y la defensa de sus soberanías.

PANAMÁ Y SU CASCO VIEJO

En 1997 se aprobaron una serie de incentivos para la restauración. Fue la segunda ciudad de Panamá. La primera se construyó en 1673 luego que en 1671 el pirata Ingles Henry Morgan atacará el primer asentamiento, hoy conocido como Panamá la vieja.

En esta Panamá la vieja el techo es de color rojo, iglesias coloniales, plazas de una gran influencia francesa como la iglesia de la Compañía de Jesús de tipo renacentista y hay una cooperativa artesanal. Como también visitè el Canal de Panamá con sus grandiosas infraestructuras comerciales para los barcos de todo el mundo. Y vimos la ampliación de este canal que se inaugurará el 25 de junio. Este es un canal neutral en donde se junta el Atlántico, el Pacifico y el mar Caribe. Hermosa experiencia.

CARACAS PARA TODOS EN 1974 - UN PUEBLO GENEROSO

Llegué invitado por el grupo literario "Galaxia" a un Congreso Iberoamericano a realizarse en Caracas. Lo hice por carretera. Primero estuve en Quito que lo encontré muy pueblerino y desordenado. Qué diferencia del Quito magistral que conocí en el 2016. Estuve en Colombia donde todos los pobladores me recomendaban que no caminara de noche por el peligro que acechaba a la población: el narcotráfico y la subversión. Así recalo en Caracas y me recibieron con los brazos abiertos.

Después de siete días de viaje intensos llegué a Caracas recibiéndome el Licenciado Caracciolo quien me ofreció su vivienda los primeros días apenas me conoció. Para mí era muy significativo este primer encuentro literario y amical. Recuerdo que tenía una extraordinaria biblioteca en donde recogía toda la información literaria e histórica de su país. Era un intelectual muy prestigiado en Caracas.

Luego conocí a dos nobles anfitriones y poetas de fuste como son Modesto Vargas López y Orlando Materan quienes desinteresadamente me apoyaron en mis quehaceres literarios como domésticos en el tiempo que estuve en su patria. Siempre nos reuníamos en un restaurante, cafetería o discoteca gallega o andaluza. Aquí aprendo a comer los pasapalos que eran obsequiados por los dueños, las riquísimas arepas y a tomar vino en una jota de cuero. Me sorprendió el uso del coño, del coñazo, o un palo de lluvia o de calor. Me estaba integrando.

Cada vez que nos encontrábamos conversábamos de literatura como de política leyendo algunas veces la página cultural de los diarios *El Nacional* o*El Universal*. Me acuerdo que en esa época había ganado el premio Rómulo Gallegos nuestro escritor Mario Vargas Llosa. Y había dado algunas declaraciones políticas sobre la revolución cubana y la del Gral. Juan Velasco Alvarado, a quien yo admiro por las grandes reformas sociales que hizo en mi país.

Cuando estábamos bebiendo algunos vinos se me acercó una señorita muy guapa quien comenzó a preguntarme sobre mi país mientras ella me hablaba del suyo. Era de Seguridad del Estado venezolano y quería auscultarme del porqué de mi visita. Luego de un rato ponían música flamenca en estos restaurantes. Y a mí que me agrada tanto este ritmo gitano que terminaba bailando con el beneplácito de mis amigos. Después nos íbamos por el Parque Central o por Petares. Recuerdo esos omnibuses medios azulados que iban a Petares o a Chacaito.

Descubrí que en la avenida Fuerza Armada y en la Avenida Urdaneta la mayoría son negocios de europeos, portugueses, españoles como también los hostales. La clase media caraqueña es muy culta y romántica. Aquí aprendí a cantar "Qué lejos estoy del suelo donde he nacido, extraña nostalgia invade mis sentimientos". Hay mucha influencia caribeña como europea en los caraqueños por eso escribí el poema "Caracas para todos" o el negro blanqueado alienado de algunas zonas. También sobresalían los temas musicales de Tito Rodríguez y de la orquesta de Billos Caracas Boys.

En las galerías observé algunos espectáculos folclóricos típicos, como escuché muchas veces la canción "Alma Llanera". Vivían los boleros de la época de oro que yo gozaba cuando en San Miguel me reunía con el poeta Jorge Ovidio Vega y José Oliva Beingolea acompañados del piano del invidente músico y amigo Freddy Ochoa. Era magistral. Y yo estaba muy alegre y me estaba identificando con las costumbres y habla caraqueña. Legué a cumplir los 26 años en la tierra de Simón Bolívar. Caracas es una ciudad muy cosmopolita que está dividida por varias autopistas. Sobresale la riqueza petrolera de una clase media pujante y un pueblo que vive en la extrema pobreza en casas de latas. Una oposición social criminal. También se han constituido viviendas del barrio obrero.

En Chacaíto me encontraba con Orlando Materan, Dionisio Aymara o Modesto Vargas. El museo de Simón Bolívar, como las calles históricas de esta ciudad, están muy bien cuidadas y limpias, vi la espada de Bolívar en su museo. En estos lugares realizábamos nuestras tertulias literarias del grupo "Galaxia" integrándome a este movimiento. Fue la época en que Modesto Vargas López me entrevistó para la revista *Enfoques.*

Me gustaron tanto su cultura, su gente, sus canciones, su romanticismo, que me quedé un año y medio. Aprendí a conocer su idiosincrasia, trabajé en una pequeña imprenta y como mesonero para poder pagar mis alimentos y hostal. Me acuerdo que en un mitin de Carlos Andrés Pérez, que estaba muy protegido y yo que estaba a medio metro de él, me dijo: "Qué hubo, vale", y yo le dije que era peruano, "A la orden" me respondió.

Estoy informado de que Orlando Materan que por muchos años ha mantenido su blog el Portal de Poesía Venezolana se encuentra un poco delicado de salud. Desde aquí mi agradecimiento y aliento para que te mejores… De Modesto Vargas sé que sigue aprendiendo muchos más idiomas y apoyando a los jóvenes poetas de Venezuela. De Dionisio Aymara un gran valor de las letras caraqueñas. Yo amo mucho a Venezuela y espero que sigan progresando con justicia social y sin interferencia de ningún país extranjero. A la orden vales. Un abrazo.

HUMBERTO PINEDO MENDOZA EN QUITO, GUAYAQUIL, LAS SALINAS

Ecuador es un país intercultural y plurinacional en donde coexisten 14 nacionalidades y 18 pueblos indígenas. La nación Kichwa en la sierra es la más numerosa. Tienen muchos conventos, iglesias, obras de arte muy bien organizadas. Ecuador me sorprendió por su progreso y amor a su pasado colonial, como inca y preinca. Que les falta a nuestras autoridades para seguir el ejemplo de promoción cultural, turismo y de amor a su identidad que las tienen México y Ecuador.

Nuestra visita a Quito fue muy emocionante por la variedad de culturas. El presidente Rafael Correa con su revolución ciudadana que dura 9 años ha logrado desarrollar una eficiente infraestructura vial. Esta ciudad tiene cerca de 3 millones de habitantes. Pudimos ver el monasterio de San Francisco que también es museo. Hay un árbol genealógico de toda la comunidad franciscana desde la Colonia. La Virgen de Panecillo que tiene más de 30 metros de tamaño y enchapados de aluminio y 7 mil piezas de metal. Está encima de una víbora y la tierra. En el Arzobispado hay pegadas en el piso vertebras de personas que le dan un atractivo muy original, como también en la Sala Capitular están las fotos de todos los obispos

Pero lo más impresionante es la iglesia de la Compañía de Jesús que fue hecha de piedra volcánica y tienen una sobrecarga de barroco. Es decir, enchapado de oro e influencia de la cultura mudéjar. Es una iglesia muy solemne. Los cuadros pertenecieron a la Escuela quiteña. Se demoraron 16 años para edificarla. En esta iglesia José Antonio de Sucre levantó el Acta de la Independencia y el retiro de la Gran Colombia en 1830 Al frente de esta iglesia jesuita hay una escultura de un ángel que muestra su genital en forma provocativa.

Tiene una santa ecuatoriana que la veneran en este país y se llama Narcisa de Jesús. Quito es una ciudad de campanarios y en dicha iglesia hay un ambiente con cinco campanas coloniales En cambio en la Catedral encontramos una arquitectura, barroca, mudéjar, rococó, neogótico. En el cuadro de “La Última Cena" está acompañado de dos cuyes. También sobresale el mausoleo del Mariscal Sucre A la Basílica de Quito lo conocen como la Basílica del Voto La iglesia de San Francisco tiene 472 años y una biblioteca de 500 libros de arte religioso, 47000 volúmenes.

EXTRAORDINARIO BARROQUISMO EN LA IGLESIA DE LA COMPAÑÍA DE JESÚS

Nos sorprendió también el Palacio de Gobierno y vimos el cambio de guardia un lunes a las 11 a.m. Muy parecido la escolta a los Húsares de Junín. De allí al museo del Inti Ñan o museo solar con su línea equinoccional, cuya latitud es de 00,0000.00. Adoraron a Catequilla o adoración a la luna y un observatorio astronómico desde 1736. Ecuador es parte del sistema métrico universal. En este museo encontramos varios tótems, personajes míticos, los atlantes de Tula y experimentamos con la gravedad y un museo de los pre-incas que se dedicaban a reducir cabezas. En esta ciudad mitad del mundo. Aquí pudimos observar la separación del hemisferio norte del hemisferio sur del planeta

Luego pasamos al pueblo de Cayampe donde se da la tradición de los bizcochos desde 1976 y se realizan festivales artísticos. Luego paseamos por Cotacachi donde hay artesanía en cuero y varios volcanes. Así llegamos a la comunidad nativa de Otavalo donde hay un mercado de productos artesanales y artísticos. Los hombres tienen el cabello largo amarrado y la mujer vestido negro y camisa blanca. Es un pueblo que vive del turismo y de su cultura

También encontramos en Quito los Murales de la Libertad con sus personajes más caracterizados. Estas figuras están cerca de la Av. Rumiñahuin y Simón Bolívar, este pueblo recuerda mucho al pintor Oswaldo Guayasamín que tiene un museo conocido como la Capilla del Hombre. La fundación Guayasamín está cerca de Bellavista desde 193°. A este pintor se le conocía como el pequeño Picasso y después esculpió y pintó temas costumbristas y muy sociales.

MODERNIDAD

La economía de Ecuador está dolarizada. En la Plaza de la Independencia o Plaza Grande hay un triángulo astronómico indígena que es el chulla quiteño de mucho significado social. También algunos personajes quiteños como esculturas. No se escucha mucho el pasillo en los bares como en la radio. Su televisión es pura chatarra. Un gran problema que tiene Correa para formar debidamente a las nuevas generaciones.

GUAYAQUIL

Encontramos el archivo histórico de guayas, el coliseo Voltaire, un Zoológico muchos orangutanes, el Parque de la Iguana, en los cerros hay construcciones de casas de tres a cuatro pisos muy bien ordenadas, limpias. Muy parecidas a San Borja, Surco, la Molina, San Isidro. El parque Simón Bolívar de Guayaquil, la catedral de Guayaquil remodelada en el 2007 y frente al Palacio Municipal donde hay una monumento a Sucre, como también monumentos a los héroes de guayaquileños

Hay un malecón donde cruza el río Guayas que recibe a varios otros ríos al frente está el puerto de Guayaquil conocido como la Perla del Pacifico o la Venecia de América. Debajo de los puentes hay murales de gran trascendencia artística. El parque rotonda donde hay monumentos a Bolívar y San Martin

El Barrio de las Peñas son casas coloniales como republicanas de mucha belleza, muchas de ellas son galerías de arte, tiene influencia italiana, francesa y española. Encontramos la iglesia de Santo Domingo. Los guayaquileños se precian de haber desalojado al pirata Hemerite. En la subida de las peñas hay un cañoncito muy representativo

En el barrio de las peñas encontramos un museo a Julio Jaramillo de un valor artístico incalculable e histórico. Tuvo 17 hijos. Vimos su fonógrafo una rockola, fotos de Jaramillo niño, joven, con sus padres, con sus compañeros de arte, sus discos. Y todo su currículo artístico. Hay personajes del pasillo. Murió a los 48 años de una enfermedad hepática. De allí nos fuimos a conocer el mirador de Guayaquil Es sorprendente y bello esta ciudad

LAS SALINAS

Es una zona petrolera observamos gustosos el municipio de Santa Elena como su iglesia de madera y su museo "Amantes de Sumpa" donde se encuentran restos de la cultura Vegas desde hace 10 mil años con tres tipos de entierros primario, secundario y múltiple. Como conchas, cerámica, huesos, semillas y hachas de huesos y el Spondilius que se exportaba para otros países. Y una cerámica de la venus femenina. Nos mostraron un árbol del perro zapote, restos de una pareja amante de Vegas, y de la cultura Valdivia de hace 7 mil años.

Vimos el malecón de la libertad con sus bases petroleras, puente lucia. Salinas es conocido como el Miami quiteño. Observamos la playa de las loberías con lobos marinos procedentes del Perú, el morro de la cola de la ballena, la chocolatera que es el punto más saliente del pacifico sur. Un faro guía para los pescadores y muchas contracorrientes que se observan en la península.

¡HASTA LA VUELTA SEÑOR!

Entrevistar a Patricio Marco Bedoya García con 35 años trabajando en el restaurante quiteño "¡Hasta la vuelta señor...!", categórica respuesta del padre Almeida en una conversación que tuvo con la escultura de Jesucristo. Bedoya rememora el Quito antiguo lleno de estampas, personajes y recuerdos de artistas, músicos y héroes. Su papá fue el legendario Marco Vinicio Bedoya quien tenía un programa en la radio, conocido como La voz de la Democracia.

Bedoya no se inmuta cuando recuerda los personajes dicharacheros y fanfarrones. Dice que en la Plaza de Armas hay el personaje de la torera Anita que es muy querida por la población del dúo Valencia y Benitez. El afán que él tiene con su restaurante "¡Hasta la vuelta señor!" es recuperar la bohemia de Quito y es por eso que mantiene ese entorno cultural.

En su negocio hay un ambiente de música del recuerdo que es uno de sus valores de recuperar la identidad de este pueblo. Es por eso que mantiene el violín, piano, la guitarra y el cajón los antiguos jaraneros. También sobresalieron Evaristo Corral y "chancletita" de las estampas quiteñas y Omorte Alvan que ironizaba de la política doméstica, hacía teatro, era bailarín, cantante, mujeriego. Otros personajes el gallo de la ciudad y el padre Almeida que existió en la Colonia

Patricio es Contador Público y fue Presidente de los Contadores de Quito. Estuvo en Lima y propuso en forma temeraria un acuerdo de paz entre los dos países que fue muy bien recibido por la diplomacia quiteña como peruana. Esta conferencia se realizó en 1995 en la época del gobierno de Fujimori y Jamil Mahuad,

Por ser promotor de la cultura quiteña antigua ha recibido premios y reconocimientos internacionales de sus clientes de los EE. UU. como la medalla de oro de los contadores de Quito y por la Federación Nacional de la Cámara Provincial de Turismo de Quito. Este restaurante es muy sugerente y se encuentra en el centro comercial de Arzobispado cerca a la Plaza de Armas, Independencia o Plaza Grande.

A su negocio han acudido personajes de toda valía nacional como internacional. Del premio Nobel Esquivel al ex presidente Oswaldo Hurtado o Rafael Correa cuando era Ministro de Hacienda y el pintor Miguel de Santiago y otros políticos de gran prestigio. Un familiar suyo que estuvo en el Perú fue Luis Alfonso Cortez Bedoya quien tuvo un programa en radio: "El Sol", de mucha sintonía popular.

CENTRO CEREMONIAL PUCLLANA-PULIANA O PULLANA EN MIRAFLORES

En homenaje a la ciudad de Lima

La huaca Pucllana es uno de los centros ceremoniales y administrativos más grandiosos que tuvo la cultura Limac y que se desarrolló aproximadamente desde el año 200 a 700 DC. Sus ruinas están esparcidas por los valles de Lurín, Chancay. Chillón. De acuerdo con Maria Rostworoski a fines del siglo XVI fue propiedad del curaca Pedro Chumbi principal del Señorío de Huatca.

Pucllana fue construído usando adobes pequeños rectangulares modelados a mano sin ningún molde, en posición vertical. Ernst Middendorf confirma que este lugar era de la élite social. Pedro Villar Córdova sostiene que usaron la técnica del librero. La arqueóloga Isabel Flores Espinoza aclara que en Pucllana existían dos plazas. Una de los sacrificios y otra de la plaza grande. Cuando los españoles llegaron a esta zona lo conocían como pueblo viejo o Puliana y de allí se origina después el nombre de Pucllana En la Colonia fue usado como cementerio

En relación a su cerámica este material es abundante en esta zona y son de colores blanco, negro y rojo con figuras estilizadas de tiburones, lobos marinos, serpientes, aves guaneras, pulpos, figuras antropomórficas. Esta cerámica con diseños le servían para sus rituales. Sus tumbas tenían un contexto funerario de fardos y se enterraban a principales y sus sirvientes inmolados como relata en sus crónicas Pedro Cieza de León.

También se han encontrado antaras que le servían para la música, ofrendas o centros de los hoyitos donde sacrificaban a mujeres jóvenes. La alimentación de los pucllanas era en base a tiburones, pejerrey, caballa, anchoveta, tollo, crustáceos, guanay. Así lo sostienen Lorenzo Huertas y Julio C. Tello.

MUSEO DE SITIO

En 1967 siendo Alcalde de Miraflores el Historiador Juan José Vega inició los trabajos de restauración de esta zona arqueológica. Como también Rebeca Carrión y Julio C. Tello lograron suspender la destrucción de nuestro patrimonio que iba a realizar la familia Marsano para construir una urbanización. A visitar Pucllana orgullo de Lima y el Perú.

En la huaca Pucllana desde 1984 se ha inaugurado un Museo de Sitio de gran importancia local donde encontramos vestigios de la cultura Lima. Julio Ramón Ribeyro, Vargas Llosa y Ricardo Palma recuerdan en sus libros a esta huaca. Es un orgullo patrimonial para Miraflores. Los mitos de esta huaca ceremonial eran que tenía una forma de batracio gigantesco.

LA HACIENDA SAN FRANCISCO DE BORJA Y LA HUACA SAN BORJA

Fue un noble encomendero español el dueño de estas tierras que después fueron traspasadas a otras familias notables de la época (Archivo General de la Nación). Es decir que la identidad cultural de este distrito moderno, acogedor y de una clase media progresista y culta, tiene en su pasado buenos antecedentes sociales e históricos.

En 1954 esta gran hacienda todavía se encontraba cerca al valle de Sulco y su primer propietario en la Colonia fue Gregorio de Arbildo que al morir dejó en herencia a su esposa Catalina Lagos de Arbildo y después fue entregada a sus hijos Gregorio y Luis quienes se convirtieron en dueños absolutos de estas propiedades.

En 1761, después de muchos litigios judiciales, esta hacienda se remató a Manuel Gallegos, Conde de la Casa de Dávalos, y finalmente terminó en manos de los hacendados jesuitas hasta su expulsión de las tierras americanas, como sostiene la historiadora María Inés Valdivia. Refiere que en esta congregación religiosa se dedicaron a sembrar en estas tierras el maíz, la papa, la cebada, el olluco y la alfalfa.

HUACA SAN BORJA

Este centro administrativo y religioso del Señorío de Ichma se encontraba en la parte baja del valle del Rímac durante el Intermedio Tardío y Horizonte Tardío. Esta huaca forma parte del gran complejo Limatambo que casi fue destruido en su totalidad en la Colonia por los fanáticos extirpadores de idolatrías quienes veían cultos satánicos de los indígenas en las huacas, de acuerdo a los cronistas de la época. También se encontró influencia inca.

Esta huaca se encuentra en la segunda etapa de la Urbanización Torres de San Borja entre la Av. Canadá y Arqueología y tiene un perímetro de 354.56 m y un área construida de 2000 m^2.

La huaca San Borja ha sido considerada Patrimonio Cultural de la Nación por el Instituto Nacional de Cultura por su importancia cultural, científica y arquitectónica y por haber sido residencia de antiguos curacas o gobernantes de esta comarca, como sostenía la historiadora María Rostworowski quien descubrió que los caminos y posadas que se encontraban en este terreno fueron aumentando hasta que el gobierno del Cuzco lo estableció como un tambo con residencia administrativa, el cual se llamó Limatambo.

La historiadora María Inés Valdivia refiere que este centro podría tener sus antecedentes desde la época preinca cuestionando que fuera del año 1400. Concluye su administración con la llegada de los incas 60 años antes que los españoles nos invadieran.

No hay que olvidarse que en este valle central se asentaba el Señorío de Sulco con su pueblo Armatambo de Guasca o Huatica, y el pueblo de Rimactambo o Limatambo. Es decir que se tienen antecedentes de nobleza inca.

LA SECUESTRADA HUACA TÚPAC AMARU DE SAN LUIS

La huaca Túpac Amaru 1-2 de San Luis se encuentra secuestrada dentro de los linderos del Complejo Deportivo la Videna. Pero lo más dramático es que las diferentes autoridades del distrito como gubernamentales no hacen nada para convertirla en un Museo de Sitio y así culturizar a los escolares y adultos de esta comunidad que se encuentran habidos de tener su propia identidad.

Esta huaca de acuerdo a las investigaciones de Arqueología de Fernando Herrera Garcia como estudiada por Luis Cáceres del Ministerio de Cultura pertenecerían a la cultura preinca de Limac y a la cultura Ichma y que habría sido un centro administrativo de gran importancia social de esa época. Esta posición de preeminencia social de este centro lo sostiene uno de sus primeros estudiosos del distrito Leoncio Luque.

Estas huacas A y B pertenecen a la cultura Limac del año 300 a 600 DC y que se encontraría orientada al control de agua del canal Huatita y tienen dos plataformas cuadrangulares hecha con muros de adobitos y tapias. Estos adobes están mezclados con arcilla y arena que le dan un color terroso a la construcción y desvela unas cámaras donde se encuentran los entierros o fardos. También se han encontrado diferentes cerámicas, restos textiles de algodón y pequeñas maderas y huesos.

ENTIERROS

Desde el 25 de febrero del 2013 en que se desenterraron las 11 momias se comprobó que también habría sido un centro ceremonial En la última excavación realizada se habrían encontrado 3 restos de la cultura Limac y 8 de la cultura Ichma con su respectivos ajuares funerarios.

La mayoría de los entierros de las momias se encuentran de cúbito dorsal, sobre camillas de madera y amarrados. La cerámica adjunta a los restos serian de color rojo ,negro y blanco con diseños de peces entrelazados como nos aclara la historiadora María Rostworowski investigadora de las culturas pre incas e incas como sus curacazgos que se desarrollaron en Lima.

El Ministerio de Cultura ni el Ministerio de Educación que funcionan a una cuadra de la otra no coordinan esfuerzos para realizar una mejor actividad cultural de este patrimonio y darle una eficiente difusión a esta huaca sanluisina como se prometió en su momento. Es decir que se encuentra secuestrada dentro de la Videna.

Las autoridades del Municipio de San Luis como los funcionarios de Videna deben de coordinar acciones para convertirla en un centro cultural. Como digo esta huaca está abandonada. Y esto no puede seguir así por el bien de las nuevas generaciones que desean conocer de sus manifestaciones culturales. Es decir hasta ahora los escolares no pueden visitarla, no tienen un guía que les expliquen, trípticos aclarativos ni material cultural informativo al respecto.

EL DISTRITO DE SAN LUIS. MIGRANTES PRÓSPEROS

Este distrito está cumpliendo 47 años de fundado y tienen todas las características de ser un pueblo sándwich. Es decir no son como los distritos vecinos San Borja y la Victoria Son una pluriculturalidad en plena efervescencia social. Los migrantes han llegado a esta zona buscando su propia identidad y desarrollo. San Luis tiene aproximadamente 70 mil habitantes.

Está ubicado entre Yerbateros, Arriola y el cerro El Pino. Es decir que por esta zona es un distrito informal porque la mayoría de estos provincianos tienen negocios, puestos, talleres y comercios ambulatorios. Como también han aparecido pandillas juveniles y drogadictos que afean al distrito. Últimamente las agencias de transporte interprovinciales han instalado sus terminales terrestres.

San Luis tiene una zona residencial por las avenidas Canadá, Circunvalación, Rosa Toro con importantes cevicherías, restaurantes y chifas de primera. En la avenida el Aire se encuentra el Condominio el Aire, la avenida San Luis donde viven profesionales e intelectuales. Más se parecen al distrito de San Borja. Y con las mejoras que se han realizado en la Videna y en la urbanización Túpac Amaru le están dando otra imagen citadina al distrito.

Este lugar recibe diferentes grupos humanos como son los gitanos que viven muy bien por la Urb. Villa Jardín y aledaños. Se dedican a tener negocios de carrocerías, ferreterías, o accesorios de automóviles por la Av. Arriola. Como podemos apreciar que es un pueblo de comerciantes. El mercado de plátanos en la Av. San Juan y el mercado de frutas en la Av. Arriola lo hace atractivo para las amas de casa. También encontramos en esta zona negocios de venta informal de comidas típicas de la sierra y que son muy concurridos.

A nivel cultural tienen la Huaca Túpac Amaru —Ichma y Maranga— que se encuentra dentro de la Videna La Municipalidad debería de coordinar con el Ministerio de Cultura actividades de visitas guiadas para los estudiantes a esta zona. También se encuentra el colegio los Libertadores que es un centro educativo experimental de mucho prestigio. Es muy encomiable las actividades culturales que realiza la Biblioteca Municipal Ciro Alegría del distrito presentando obras de teatro, recitales poéticos, musicales en los diferentes parques del distrito de la misma forma las Ferias del Libro que son muy concurridas, como las del parque Patiño.

A nivel musical y de danzas se expresan cuando se realizan fiestas patronales de los pueblos principalmente del centro-Hotel Sudamericana, como las procesiones religiosas de diferentes regiones Pero en donde se expresa mejor esta migración provinciana es cuando se realizan los pasacalles en donde participan estudiantes, docentes y otras fuerzas vivas del distrito. Es decir es un distrito que está buscando su propia identidad cultural como diría el psicólogo social Jorge Yamamoto.

III

HACIA LAS INCOMPARABLES ISLAS BALLESTAS DE PARACAS

Fue muy apasionante y estoy muy agradecido de que mi esposa Magda Aliaga de Pinedo premiara mis 67 años de edad invitándome a realizar un recorrido por Pisco, Ica, la laguna de Huacachina, el "Candelabro", Paracas y las Islas Ballestas, Reserva Nacional de gran importancia marina y turística. Es decir toda una atracción cultural de acontecimientos naturales.

Salimos temprano a las 6 de la mañana: el 2 de febrero, y cruzamos las playas del sur, pasando por Punta Hermosa, el Cerro Azul, Pisco y sus atracciones pesqueras y su reconstrucción. Llegamos a Ica con sus dunas y un calor infernal. No hay nada que hacer: el Perú es único en biodiversidad y recursos marinos.

Luego llegamos a la laguna de Huacachina que me trajo tristes recuerdos de la primera vez que visité éste lugar hace 30 años con mi hijito Beto cuando él tenía 7 años. Vi como dos jóvenes se tiraban a la laguna a nadar y se hundieron. Este misterio de la atracción magnética de éste lugar hasta ahora existe. Se han tejido muchas leyendas al respecto.
.

La tierra del pintor José Sabogal y el pensador Raúl Porras Barrenechea me abría sus puertas y misterios. Llegamos a unos viñedos, y en especial al restaurante y viñedo "El Catador" en donde nos enseñaron todo el proceso de elaboración del pisco y del vino. Nos hicieron degustar de la variedad de licores. Únicos en aroma y pureza. También vi algunas casas señoriales de los antiguos hacendados de Pisco, Ica, Paracas que son otra identidad social en el sur peruano.

Vimos la extraordinaria figura del "Candelabro" que se encuentra dentro de un cerro arenoso. Se supone que dichos trabajos lo habrían realizado los antiguos peruanos. Losnazquenses, los de Paracas. No se sabe pero allí se encuentra muy solemne dicha atracción cultural. Y después llegamos a Paracas en donde un deslizador nos llevó hasta la Reserva Nacional de las Islas Ballestas; demoran media hora los 14 kilómetros.
.

Al llegar a las islas nos asombramos por la variedad de pájaros guaneros. En varias islas entre ellas las del "Cardenal" se encontraban los pingüinos de Humboldt, la focas, las mamás focas con sus foquitas, los alcatraces, pelícanos, cada isla es un atractivo marino. Fue inolvidable éste viaje de 67 años. El Perú es rico en variedad marina, biodiversidad, patrimonio cultural. Nunca olvidaré éste viaje a las Islas Ballestas acompañado de mi anfitriona y querida esposa Magda…

SAN VICENTE DE CAÑETE EN EL RECUERDO

Llegar a Cañete es añorar un pasado colonial y republicano de prestigio social y de explotación social. Cañete en la actualidad a pesar de los siglos está lleno de reminiscencias históricas y culturales de la vida marginal de esclavos como de la consolidación de una clase noble. Una ciudad mestiza llena de contradicciones económicas pero que tiene su propia personalidad.

Fue el Virrey Andrés Hurtado Mendoza Marqués de Cañete quien fundó este lugar señorial en 1556 y erigida por el Capitán y Corregidor Jerónimo Zurbano. De la misma forma tuvo otro Virrey García Hurtado de Mendoza el segundo Marqués de Cañete entre 1589 y 1597. Es decir que todavía hay en este pueblo de desvencijadas casonas de prestigio colonial como la del médico y precursor peruano Hipólito Unanue, o la hacienda Montalván.

Cañete también ha erigido un monumento a una bailarina afroperuana en la misma Plaza de Armas como un símbolo de la identidad de este pueblo con sus costumbres ancestrales .En este lugar la mayoría de la gente se siente orgullosa de la comunidad de San José que es un pueblo cañetano en donde se practican las costumbres inmemoriales de tipo africana. Se baila con la quijada y el cajón.

Podemos encontrar también la Catedral de Cañete, que fue inaugurada en 1962 pero que está construida en base de madera con repujamientos de tipo barroco Es un templo muy concurrido por los pobladores. Aquí le rinden culto al Señor de los Milagros. Fue en este valle donde nació Josefa Marmanillo, esclava del valle de Cañete, quien en agradecimiento al Cristo moreno de la curación de un mal que le aquejaba le preparó por primera vez un sabroso turrón denominado de " Doña Pepa " y que hasta ahora se degusta.

Nos encontramos con el antiguo Estadio Municipal Antonio Yanez y un culto al cañonero del club Universitario Lolo Fernández. Esperan también el mes de agosto para realizar la semana turística las actividades de danzas negroides o afroperuanas como el zapateo y el festejo. Fue en San Luis de Cañete donde nació Ronaldo Campos y Caito Soto fundadores de" Perú Negro" .Como podemos apreciar Cañete es un pueblo con sus propias tradiciones y en donde se vende vino, pisco y de buena calidad.

Como también se preparan platos típicos en ollas de barro, cocina de leña y se come mucho los camarones y la sopa chola. Por eso quien viaja a Santa Maria de Cañete que fue su nombre primigenio se queda enamorado de sus costumbres y danzas. Tenía razón César Angeles Caballero cuando en su libro sobre el "Pisco" nos confiesa que en Cañete, Chincha y Pisco se preparaban desde la Colonia los mejores aguardientes de uva.

SAN ANTONIO DE CAÑETE. EL SILLÓN DEL INCA Y LOS EXTRATERRESTRES

Las atracciones turísticas e históricas que tiene el Perú son inconmensurables. Llegué a San Antonio de Cañete el 22 de agosto con la intención de descubrir sus ruinas preincas y su pasado glorioso y me encontré con información privilegiada sobre los extraterrestres y una riquísima gastronomía. Foto: referencial

Salí de Lima cruzando las playas Arica, Punta Hermoza, Punta Negra, Santa María del Mar, Puerto Viejo y el León Dormido. Pero, lo más importante, cuando ingresamos a Chilca, donde hay un pequeño monumento en homenaje a un extraterrestre. Este lugar se ha convertido en un centro de avistamientos de platillos voladores y donde cientos de personas, estudiantes, científicos nacionales, como extranjeros, acuden al lugar para comprobar estas visitas.

Tuve la suerte de conocer al investigador Félix Chumpitaz Camacho, quien conoce el pasado patriótico de San Antonio de Cañete y me reveló que en las ruinas de la Ollería había encontrado algunos vestigios de cerámica Nazca y Paracas. También me mostró algunas vertientes bien deterioradas del Capac Ñan o Caminos del Inca que hay por su pueblo.

Luego conocí el Mirador de San Antonio, de donde se ve todo el distrito de Mala, su río, su valle y pequeñas haciendas y Santa Cruz de las Flores. Como también hay un obelisco con la imagen de San Antonio, patrono de este distrito cañetano de donde se observa la parte antigua de este pueblo, que produce manzanas riquísimas.

En este valle de San Antonio se produjo un enfrentamiento con los chilenos en la Guerra del Pacífico, donde los patriotas san antonianos mataron al sanguinario oficial mapocho Villagran, que se encuentra enterrado en el cementerio del pueblo desde 1880.

Realizamos una caminata hacia el cerro Esquivala, donde pude ver el Sillón del Inca, de dos toneladas de piedra. El trayecto hacia el lugar fue muy duro pero logré conocer este sitio histórico. Se está investigando para saber si era un centro ceremonial o donde se realizaban sacrificios humanos.

ARTESANO

Pude entrevistar al artesano Pedro Segundo Cuya Lira, que procede de Arequipa. Toda su familia tiene que ver con el arte del tallado. Realizan trabajos artísticos de imágenes religiosas y los venden a las congregaciones religiosas de México y Colombia.

También realizan trabajos de arte y decoración y usan la arcilla para el modelado-recina con fibra de vidrio. Pero las imágenes de San Antonio, el Señor de Cachuy, el de Luren y la Virgen de Guadalupe son las más preferidas por el público y compradores. Es uno de los artesanos más preferidos de San Antonio.

EXTRATERRESTRES

Félix Chumpitaz Camacho nos relata en su libro *Extraterrestres en nuestros valles un informe sobre los Ovnis,* considerado Top-Secret. Con entrevistas e informes muy bien documentados y explicaciones históricas en otros pueblos del mundo nos lleva a descifrar las diferentes visitas, avitamientos o encuentros que han tenido los Ovnis en diferentes culturas y pueblos del mundo.

Chumpitaz nos dice que en San Antonio, en la Playa, Ovnis, Chilca, Santa Cruz de las Flores, Esquivilca, Puerto Viejo, Calango, Mala, León Dormido desde hace mucho tiempo se están viendo ovnis, extraterrestres, bolas magnéticas de una gran atracción y brillantez y que vendrían de otros planetas.

En su libro refiere que esta zona de Chilca y San Antonio podría ser un centro de aterrizaje submarino. Estos ovnis siempre aparecen desde las 10 de la noche hasta las 12. Para sostener sus principios aero-científicos nos dice que hay rastros en tejidos, cerámicas, piedras de la llegada de estos seres en nuestras culturas preincas. Pone como ejemplo la estela da Chavín, el Tumi, la imagen del sol que se encuentra en la cultura Tiahuanaco y las líneas de Nazca.

CHILCA ENTRE LA PREHISTORIA Y LOS AVISTAMIENTOS

El pueblo de Chilca es un lugar muy misterioso y rico en bagaje cultural. Está ubicado en el 64 km del sur de Lima. Sus orígenes se remontan a 10,000 mil años A.C. llegando a las costas a los 6,000 A.C. y es considerado el primer pueblo horticultor de América precolombina. Este poblador se hizo pescador como aprovechó los humedales. Su tierra es arcillosa y tiene lagunas medicinales.

Fue el Antropólogo Federico Engels quien lo estudió debidamente y reconoció muchas cuevas y viviendas semi-nómades del Neolítico y encontró piedras y otros instrumentos de pescar del antiguo chilcano. Se han descubierto batanes como morteros y hoyadas para el sembrío.

En este Curacazgo de Chuquismano también se han hallado vestigios astronómicos y religiosos como las figuras del pelícano trabajado de diferentes maneras en las telas chilcanas. Es decir le rindieron culto a este animal alado como deidad o el dios del vuelo.

Según Víctor Tumay Caycho hay una construcción de piedras que habría sido un santuario dedicado al culto del dios sol y junto hay una piedra de sacrificios.

AVISTAMIENTOS

Tumay sostiene que en Chilca existe una base submarina de ovnis. Se han encontrado objetos de cobre en forma de estos objetos voladores y que los tiene en su museo de sitio. Como también hay lugares de contacto extraterrestre y que están en la sierra de Chilca principalmente en el cerro "La Estrella", como en el costado del Centro Arqueológico "Lapa Lapa". La misión "Rahma" realiza avistamientos en estos lugares.

LA COLONIA

Existe un hermoso templo colonial que fue edificado en 1674. Su estilo es barroco en su interior, el estilo rococó y churrigueresco y de sus diferentes altares el que destaca es el alta mayor con grandes cúpulas. Se llama el Templo de Nuestra Señora de la Asunción y que fue visitada por el Virrey Amat y Junet entre 1761 y 1776.

Sobre la imagen de la Señora de Asunción nuestro guía nos cuenta que han investigado unos manuscritos en donde se relata que fue por una embarcación española que iba a zozobrar es que tiraron un baúl pesado al mar. Unos pescadores que estaban trabajando lo encontraron y lo abrieron descubriendo una virgen tallada en madera en actitud de volar y tenía un manto celeste. Esta imagen original fue robada. Existe una igual en el Museo Naval.

En la guerra con Chile esta iglesia sirvió como refugio de los combatientes peruanos. También los chilcanos le rinden culto a la Virgen de la Candelaria saliendo en peregrinación rumbo a Calango para adorarla.

ACTUALIDAD

En Chilca hay un Museo Cultural y Taller Artístico de Víctor Tumay y es muy significativo por el aporte histórico que recoge y ofrece al público. Como dice en su escudo los chilcanos quieren paz, unión y progreso. Los pobladores se dedican al cultivo del higo, la granadilla. En la Gastronomía tienen el picante criollo, el chilcano de pescado, los tamales y la carapulca. En los licores de granadilla y de higo. Sus frutas emblemáticas son el higo, granadilla, tuna, naranja, pecana y lúcuma. Chilca es un pueblo lleno de historia desde épocas inmemoriales.

PURUCHUCO O EL CASTILLO DEL CASCO EMPLUMADO

Es fascinante el Castillo de élite de Puruchuco que nos hace regresar a los momentos más importantes de la cultura Ichma e Inca. Es una construcción de adobe que perteneció a un curaca o sacerdote y en donde se realizaban actos ceremoniales de gran importancia social.

Al llegar a esta zona arqueológica que había sido una vivienda de uno de los señores gobernantes del Curacazgo de Lili allá por los años 1100 a 1500 D.C. Es una época caracterizada por ser una organización social de relaciones de parentesco y de reciprocidad. Este castillo se encuentra en el km 4 y medio de Ate Vitarte en las faldas del cerro Mayorazgo dentro de la hacienda Vista Alegre.

Estas habitaciones son de barro y tiene un área pública, doméstica, ceremonial, de depósito, de corrales, terraza, hornacina y rampas. En la parte pública encontramos un espacio integrado, patio hundido. Desde la terraza se habrían podido apreciar los actos ceremoniales, las entregas de ofrendas y tributos contables usando el kipu.

MUSEO DE SITIO

Puruchuco en el tiempo de la cultura Ichma como Inca era conocida la zona como la del Casco de Pluma, Casco Emplumado o sombrero de plumas -en el idioma quechua-. En este centro cultural podemos ver este tipo de ropajes y plumas vistosas de estos curacas.

Fue el antropólogo Arturo Jiménez Borja quien inauguró en 196O este museo de sitio primero en el Perú como en América. En este lugar se encuentran ropas de las deidades, peines, vasijas ceremoniales, pinzas e instrumentos para cocer, como objetos metálicos y de textilería.

También se ha realizado una réplica del castillo del curaca, que sirve para enseñar a los escolares que vienen a visitarla. Otra característica de Puruchuco es que se están realizando excavaciones en donde se han encontrado fardos funerarios.

El Ministerio de Cultura debería de promover y difundir debidamente este Patrimonio Arqueológico que esta tan cerca de Lima pero que la población no la conoce por falta de difusión. Como logramos que tengan mayor identidad nuestros niños si no le mostramos nuestros valores ancestrales.

SAN BARTOLO, UN BALNEARIO ACOGEDOR

Es un balneario muy deportivo y familiar. Fue fundada en 1954 y en la actualidad está dedicado a servir a la juventud y a los adultos mayores. Con el famoso deporte de las tablas que es el surf han prestigiado a este distrito limeño. Podemos encontrar que varios de sus pobladores han conseguido ganar premios internacionales como reconocimientos nacionales.

Apreciamos en este balneario que casi el 95% están pintadas de blanco y que urbanísticamente le da una impresión uniforme y bella. Son construcciones antiguas muchas de origen italiano y español. De ese mismo corte es el templo principal que se encuentra al costado de la municipalidad. No hay edificios modernos de diferentes colores. Es el detalle de la elegancia de este lugar.

Visitar Punta Hermosa y recorrerla por el malecón "El Paso" es inolvidable porque podemos encontrarnos con un torreón conocido como "La Isla" en donde los muchachos se lanzan temerariamente al mar. Como también el pasaje de los tablistas podemos observar algunas losetas con los nombres de algunos de los deportistas que han prestigiado el surf, a Punta Hermosa y al Perú. Así tenemos a Javier Huarearn, Felipe Pomar, Magoo de la Rosa Toro, Edwin Vallejo, Benoitt “Piccolo Clemente”, César Banner, Cristobal de Col. Últimamente han puesto la de Sofía Mulanovich y falta la de Analí Gómez "La Negra" campeona mundial de surf.

Recorriendo Punta Hermosa vemos el monumento a Abelardo Quiñones y una avenida en recuerdo del magistrado García Rada. La mayoría de estas casas blancas tienen adornos exteriores con conchitas marinas. Como también cuadros muy significativos con paisajes del lugar. Es un pueblo muy ordenado para visitar, bañarse o practicar el surf. En la playa vemos a cientos de jóvenes o jovencitas rompiendo olas.

La nueva administración municipal ha mejorado los parques y las pistas y tienen mucha seguridad en el balneario. El Centro Cultural tiene actividades todo el año donde se realizan talleres para niños y los de la tercera edad. Como también hay una academia municipal de surf. Junto a lugar tenemos la playa de "Las Señoritas", Los Caballeros", "El Silencio" y el Centro de Esparcimiento de "Cafae". Otra de la característica de Punta Hermosa es que tienen muchas cevicherias.

IV

LA VERSATILIDAD Y EL EROTISMO EN LA POÉTICA DE BERTHA MOLINA "RUTH"

El crítico José Beltrán Peña sostiene que la poetisa Bertha Molina tuvo una excepcional relación amical, platónica y epistolar con el ensayista José Carlos Mariátegui cuando eran muy jóvenes: 1916, 1919, 1921. En una de sus cartas el Amauta le daría una respuesta muy profética a su amiga sobre nuestra patria: que en nuestro país el talento causa miedo y por ende su reacción. Es decir, que la respuesta de la clase política fue conservadora. En el Perú es necesario ser mediocre para no ser detestado. El crítico Ricardo González Vigil considera a Bertha como una de las mejores poetisas de 2015 por su versatilidad y apasionamiento.

Bertha Molina pasó su juventud en la ciudad de Iquique, lugar donde nació cuando pertenecía aún al Perú y en donde todavía tienen parientes. Cuando se produjo la infausta guerra con Chile, sus familias tuvieron que salir de su lugar natal, y Bertha partió con su adorado esposo Victor Oyague, a quien le dedica algunos de los más sentidos poemas.

Le agradaban mucho los viajes en barco. En especial por Centroamérica y Europa, como pasar por el Canal de Panamá. Bertha ganó muchas amistades de intelectuales, escritores, poetas, ensayistas y pintores en sus recorridos por el extranjero. En plena ebullición social conoció a José Carlos Mariátegui cuando escribía como Juan Croniqueur en el diario *La Prensa*.

Fue la primera mujer chofer en Lima y se compró un automóvil Ford T en que se paseaba con su hermano Lucho por las principales arterias de la capital. Estos carros los he visto en la Habana. Son muy vistosos, elegantes y cómodos. Era la época de la "Patria Nueva" del entonces presidente Augusto B. Leguía, quien trató de mejorar la situación socioeconómica de nuestra población.

Beltrán refiere que la poética de Ruth es sobrecogedora porque le rinde culto al amor sin tapujos. Pero no al amor egoísta ni personalista sino al social y reivindicativo. Aclara que nuestra poetisa tiene ética en su actitud diaria. El cuerpo y el alma se fatigan, también el gusto, la música, la voz. Como también trata sobre el amor familiar con mucho sentimiento integral.

En algunos versos se percibe directa o indirectamente la imagen de Mariátegui como cuando le dice "cojito genial". Su amigo tenía este problema físico. El erotismo fino no se pierde en sus versos como cuando dice: "repito tu nombre y me quedo dormida". Tampoco hay racismo cuando le escribe un poema a los morenos. Se adelantó a su tiempo: "oh negrito de mi tierra, negro carbón es tu color, pero blanco muy blanco tu corazón". O más allá cuando le dedica al amor anciano. Trascendente porque el amor y la sexualidad nunca mueren cuando la persona profesa el culto al sentimiento más puro.

La influencia genética de su padre, el escritor Modesto Molina Paniagua, es innegable cuando dice que su progenitor siempre ha estado presente en su inspiración. Sobresalen también los versos al adolescente y a la ecología. Felicitaciones a Iris Oyague Molina, su hija, por haber publicado este racimo de versos. Sus poemas nos enseñan que debemos de despercudirnos de los traumas y frustraciones domésticas y que debemos de entregarnos llenos de amor en cualquier etapa de nuestras vidas.

Fue muy viajera y esto aumentó el numen de su experiencia cultural como sentimental. Le publicaron sus versos en Cuaderno Literario "Azor" y en el "Panorama Poético Hispanoamericano" de Buenos Aires. Es decir, tuvo difusión en los grupos artísticos.

COMENTARIO

"Déjame en la sombra con mi sonrisa / sola con la brisa", imágenes conmovedoras por su sentimiento nostálgico a lo Jorge Manrique. Dice también a su amado: "te encontré en mi camino / fuerte / loca de amor me entregué a ti", es un amor muy valorativo cuando de su esposo se trata; es un hermoso gesto de mujer. La influencia eguriana como de Salaverry es innegable cuando exclama: "la percibo en la tierra grande tiene ojo de vidrio / y un pobre cojo sus penas retiene". Sigue temblando de pasión y de deseo: "tu cuerpo me llama / todo yo tiemblo / ven a abrazarme / hoy soy amada / hoy no regreso a mi aldea".

Bertha Molina es precursora del erotismo fino. Es una poética que conmueve nuestros sentimientos de pareja y nuestros deseos sublimados. Con su conciencia amatoria y de saber expresarlo con versos se adelantó a su época y al feminismo. Encuentro también mucha influencia romántica como cuando se dirige a su esposo. Tiene mucho de exuberante y de belleza amatoria a la del poeta mexicano Amado Nervo en sus expresiones sentimentales.

También su honestidad cala hasta un límite: "Yo no soy poeta / yo no sé soñar". O cuando reitera su pasión de mujer que ama: "como siempre esta noche vendrás y hallarás mi cuerpo desnudo / Hoy huelo a él, mi cara, mis manos, mi cuero". El arte de amar a lo Erich Fromm son sus principios sensitivos.

O cuando se convierte en una noble marquesa y nos dice: "caballero de antigua prosapia / calza tus rojos botines / tus guantes de cuero". Sigue destilando erotismo en: "acércate a mí / amor hay un baile esta noche en el pueblo / y no tengo un collar con que lucir / en el tren del amor". Fue siempre una inquieta pasajera. Le gustaba conocer otras culturas, Europa, América y el Caribe que le dio madurez cultural y emocional.

Para terminar exclama: "otra vez solos / me mecías en tus brazos / sigue su amor / amado mío / cada estrella que cae / me trae una flor / tengo hoy un amor que lo llena todo". También fue una gran pintora usando el acrílico, el óleo y el agua. Los temas principales eran las flores y la naturaleza, donde se puede descubrir la fineza y la delicadeza poética de sus trazos.

En relación a las cartas de Bertha Molina y José Carlos Mariátegui la familia ha considerado conveniente entregárselas al archivo de la revista *Caretas* como la Biblioteca Nacional. Un gran descubrimiento de una poetisa que con sus versos llenos de amor universal se adelantó a su época.

LEONCIO LUQUE Y EL "COPÉ DE ORO"

De Huancané a Lima con Pasión poética

He sentido mucha satisfacción cuando a un amigo y poeta como Leoncio Luque Ccota lo premian este año con el "Copé de Oro" en Poesía organizado por PetroPerú de una población de 3000 promesas de vates que participaron en este evento literario de diferentes partes del país. Es uno de los representantes exitosos del provinciano migrante que no ha perdido su identidad en la capital.

Este poeta, autor de las obras *Por la identidad de las imágenes*, *En las grietas de tu espalda*, *Crónicas de Narciso* y el *Exilio Interior y otros poemas devastados*, ha ganado este evento con su nuevo libro *Igual que la extensión de tu cuerpo* dedicado a su adorable esposa que lo comprende en todos sus quehaceres culturales. Esta Bienal de Poesía tiene mucho significado para el autor huancaíno porque define un estilo de sentir y escribir, y es cuestionativo y muy social para su época.

Luque también es especialista en Informática y Bibliotecario, y realiza esta labor con extraordinaria dedicación por los niños y adolescentes, con el difunde los valores nacionales en recitales, conferencias y otras actividades artísticas en la Biblioteca Municipal Ciro Alegría del distrito de San Luis, donde trabaja y en donde también lo hizo su recordado padre.

Leoncio es uno de los fundadores del grupo literario "Noble Katerba" que apareció en la Universidad Federico Villareal como lo fue en su época "Gleba Literaria". Junto con Jhonny Barbieri ha ganado varios eventos literarios como el "Horacio" organizado por la "Derrama Magisterial" tanto en poesía y en cuento. Ha participado también en diferentes recitales internacionales en la Habana, Buenos Aires y Colombia.

Este escritor puneño me hace recordar a otro gran amigo como el poeta juliaqueño Alberto Valcárcel tan sencillos y caballeros los dos. Es uno de los pocos poetas provincianos que no es argollero y se cree la divina pomada. Siempre está dispuesto a ayudar a sus pares. No es el migrante chichero ni resentido ni tampoco el emprendedor discriminativo y alienado. Es decir la derecha bruta mercantilista.

CORPUS VITAL

He leído la mayoría de los libros de Luque y me encuentro con un corpus poético de cuatro referentes. La nostalgia, la marginalidad, la identidad y el amor. Durante la corriente indigenista de Valcárcel, Alegría, Arguedas Florian se dio mucha importancia a una literatura de tipo antropológica y costumbrista. Con Leoncio sucede lo contrario. Él es el abanderado del migrante que se duele de vivir en Lima porque trata de desarraigarlo, como el mismo lo dice angustiado por este reto.

Su población son los asentamientos humanos, los problemas del desgarramiento del provinciano abandonado por el Estado y la soledad atávica con este sector. Más bien es el absurdo de vivir como un náufrago en esta ciudad insensible y frívola. Pero él lucha y aporta con actividades culturales y versos. Espero que la Municipalidad de San Luis le rinda el homenaje que se merece por ser uno de sus empleados más representativos. Salud viejo combatiente de la pluma y sigue como el Quijote arriando contra los molinos de viento.

EL PARAÍSO PERDIDO DE LORGIO GUÍBOVICH

Es sorprendente y rico en información este libro *El paraíso perdido y las comunidades nativas de Madre de Dios,* de Lorgio Guíbovich que tiene la virtud de desentrañar y mostrar la situación paradójica de marginalidad y riqueza cultural de muchas etnias que habitan en la selva peruana y que nos enseñan cómo supervivir.

A pesar de ser comunidades marginadas por muchos gobiernos, estas etnias han logrado defender sus costumbres y maneras de ser. Guíbovich nos muestra un mapa lingüístico y antropológico de gran importancia. Sostiene que estas comunidades habrían llegado a nuestra Amazonía aproximadamente hace 4000 años y serían de origen arahuac y quizá procedentes del rio Orinoco.

Nos refiere que los incas tuvieron intercambio con ellos pero no lograron subyugarlos. Desde la antigüedad se dedicaron a la caza a la pesca y a la recolección. Por los diferentes cambios climatológicos de estas zonas y las consiguientes migraciones, estos nativos habrían sido influenciados por los tupiguaraní, arawak y caribes. Esta posición también la sostiene el antropólogo Stefano Varese en su libro *Sal de las Aguas.*

En la Colonia tuvieron problemas con los invasores españoles quienes creían que en esa zona existía un reino conocido como "El Dorado" donde había mucho oro y diamante y en donde vivían bravas amazonas. Conocido también como el país de la canela, el Paititi. Por este motivo se realizaron muchas expediciones a dichas zonas todas en forma infructuosas.

Nos cuenta Lorgio Guíbovich de la expedición de Fermin Fitzcarrrald y la explotación del caucho en 1894. Madre de Dios se convirtió en un centro de atracción comercial y de expediciones religiosas de los mercedarios y franciscanos. Desde esa época viven las comunidades de sharanahuas, marcahuas, amahuacas, nahuas, piros y huaragos. Todas estas etnias tienen conciencia de su identidad cultural y hasta ahora no la han perdido

Lo mágico-religioso de estas comunidades es relevante porque son animistas y tienen sus propios rituales, mitos y leyendas sobre el medio ambiente, las plantas, los animales y las curaciones de algunas enfermedades. Guíbovich desentraña algunas de estas costumbres y mitos y en donde estas etnias creen que la naturaleza está llena de espíritus, Mauss también se identifica con estas creencias.

PROBLEMAS

GuíbovIch descubre que la mayoría de estas etnias creen en algunos mitos naturales. En este libro también encontramos que el nativo siempre ha estado marginado por el Estado, el blanco, el mestizo y que sus tierras no están protegidas y que sus enemigas son las compañías petroleras y mineras por la gran contaminación que ocasionan a sus tierras.

En relación a la alimentación de esta comunidades, es muy pobre en proteínas; se alimentan de yuca, plátanos y algunos pescados. Los peces están siendo contaminados por el relave minero y de las madereras. También sobresale en Madre de Dios el Parque Manu en donde abunda la flora y la fauna de gran esplendor.

Sostiene Guíbovich que la falta de títulos de propiedad en las comunidades es su talón de Aquiles para el progreso de estas etnias. Y los nativos que se alienan culturalmente no logran sobresalir por su falta de preparación. Por eso propone que el Estado proporcione ayuda técnica y que los apoye también en sus trabajos de artesanía que son de gran valor artístico. Fue en el gobierno de Juan Velasco Alvarado en donde se reconoció a estas etnias y se les dio algún tipo de protección legal

Finalmente nos muestra las costumbres de estas etnias, sus matrimonios, sus convivencias, sus preparativos para la caza y la pesca tanto en los niños como en adultos. Este libro aporta un trabajo de investigación básica para los técnicos de Agricultura y Minería y para el público en general. También nos muestra sus formas religiosas de vivir, su alimentación, rituales, medicinas y mitos. Es una gran contribución este trabajo de Guíbovich para ayudar a estas etnias.

LOS MUNDOS DE MAKI Y LOS HERMANOS AYAR DE JORGE HUERTA HUERTA

Es sorprendente en imaginación los dos tomos de Maki o el encuentro con Ayar Kachi y Maki tras las huellas de Ayar Manko de Jorge Huerta Huerta. Tienen los valores de juntar tradiciones andinas, lo mágico real de nuestros pueblos escrito al alimón en quechua y castellano. Es un despertar creativo esta obra llena de identidad, de pasado y de historia. Es contada con mucha sapiencia y onirismo pueblerino como proteger al pueblo de Ayash sus personajes reales y ficticios que se convierten en nuestros miedos y fortalezas como sugiere el autor.

Como los mayas en su cosmovisión existen tres tipos de mundos como el inframundo el mundo de la superficie y el supramundo. En cambio, en nuestra cultura andina que es el Janan Patsa o el mundo de arriba cuyo representante es el cóndor, el Patsa o Kay Patsa que es el mundo donde viven los runas u hombres cuyo representante es el puma. En cambio en el mundo de abajo o de adentro que es el Uku Patsa que tienen como animal representante a la serpiente.

Nos recuerda Huerta que en nuestro mundo andino hemos tenido dioses como el Apu Kon Ticsi o el Wiracocha a las Jirkas que son las montañas y la adoración del dios Wari. Esta obra ha sido ambientada en el pueblo de Ayash, provincia de Huari. El autor nos relata que los personajes del Chuku Patsa han formado parte de sus sueños y de sus fortalezas desde su niñez. El personaje central es Maki una persona muy trabajadora y muy querida por su pueblo por su capacidad de liderazgo.

Los padres de Maki fueron el guerrero Ayar Manko y la guapísima Sullia y tuvieron a Waki que casi muere cuando la mataron a su progenitora. Este niño fue protegido por el pueblo. Ayar Manko siempre caminaba con su amigo Sogo Anka-Gavilan Gris, que era su protector. Arog Maki ya estaba joven y protegía al hijo del guerrero. A todos los chicos de su generación le pusieron Maki para despistar a los enemigos, Jatun Maki, Yana Maki, Ruma Maki, Mitu Maki o Yana Jara o Maíz Negro.

Se les cruzó un zorro y Jara que conocía por la lectura de la coca que era mal presagio se sobresaltó. Hasta que se le presentaron unos personajes medianos denominados Shapis que les gustaba sacar el corazón de sus víctimas y eran los demonios de las profundidades de la tierra.

ENCUENTRO CON KACHI

Estos shapis o runas son parecidos a los hombres pero tienen energía negativa. Viven debajo de la tierra en cavernas. Después de conversar fueron informados en estas cuevas que a ellos los estaban buscando hace mucho tiempo porque su padre había huido. Luego de presentarse el shapi le dijo que se llamaba Kachi y que sabía de su condición social de estirpe de guerreros y trabajador y que ahora iba a trabajar para ellos.

La relación que tenía con la naturaleza y en especial con el canto del gallo fue muy vital y filosófica y los iba a cuidar el perro servil Pachón que era muy agresivo. Cada noche Maki y su amigo conversaban sobre cómo salir. Después escucharon el grito de la tierra que deseaba agua y que por eso llovía. El Sogu Anka compañero de Ayar Manko sabía de los recién capturados. Fue en uno de esos días que le contó a Maki sobre toda su historia y que había sido muy amigo de su padre.

Maki era el hijo más importante de Ayar Manko. En este mundo de abajo habitaban seres humanos como demonios. Entre los Wara, los Apillarmey, el Turmen Yuy y los Shapis que son los demonios y que hay un tránsito de circunstancias mágicas como fallidas en su recorrido.

Ayar Kachi por el resentimiento que tenía con sus hermanos debido a que lo encerraron en una roca en Tamputoco por muchos años se volvió rebelde y juró vengarse con los hijos de sus hermanos. Para lo cual se convirtió en el rey del Uku Patza después de competir con el rey de los Shapis que eran dueños de las profundidades de la tierra.

Maki y Yana seguían buscando una salida y se encontraron con los Apally. Después fue acompañado por Sogu Anka que había sido amigo íntimo de Ayar Manko antes que se escapara. A los Apillarmey les gustaba comer los sesos de las personas y eran muy mentirosos con los runas hombres. Seguían buscando una salida y se encontraron con los carbunchos que tenían su propia energía y que lo usaban los shapis como los hombres.

Después se encontraron con los mukis que eran los guardianes de las riquezas del Uku Patsa y que eran unos elementos maravillosos. Los mukis vivían cerca a los socavones mineros y aparecían gusto a la hora de los alimentos.

TRAS LAS HUELLLAS DE AYAR MAKO

Llegaron a los dominios de la diosa Nina buscando un camino donde salir. Este ser emanaba fuego y perseguía a sus víctimas es por eso que Maky y Yana tuvieron que correr y saltar hacia una catarata y salvarse de ser víctima de Nina.

También el camino estaba bloqueado de hadas transparente y en donde aparecían duendes y así encontraron a los oliguy, que robaban las almas de sus víctimas. Y los tuy, que viven en las gohas y que no se puede mirarlos porque nos convertimos en piedra y nos chupaban el cerebro. Los achicay eran muy egoístas y trabajaban para ellos y no les importaban sus semejantes y les gustaban los niños para utilizarlos.

SHAPI PIRWA

Maki pensaba que ya estaban cerca de la salida del Uku hasta que encontraron a una mujer desnuda colgada por los Shapis. Después de muchas peticiones de Pirwa lo bajaron dejándola libre sin presagiar nuestros amigos que le iban a ser traicionados y entregados otra vez a las huestes de Ayar kachi.

Se habían demorado mucho y regresaron al mismo lugar comentaban sus enemigos. Y festejando el acontecimiento Ayar Cachi y Pachón. Mientras tanto Maky y Yana se sentían frustrados. Hasta que un día encontraron al hijo de Kachi que le contó de los secretos de las rocas del Uku Patsa como la piedra negra. Por eso lograron que su llanquis se gastaran y le propusieran a kachi su liberación. Esta petición fue cumplida.

Salieron muchos secuestrados cantando con el sonido de la caja y el pinkullo y sus cascabeles. Pasaron por su pueblo Ayash y nadie los conocía y cuando llegaron a Wari Marka le contaron lo sucedido a un anciano.

El pueblo protegió a todos que habían encontrado la libertad.

Esta obra de Maki es una obra llena de mitos, leyendas, realismo mágico y lo más importante…, donde priman los valores humanos.

FÉLIX ESPINOZA, UN ARTISTA MÚLTIPLE A PESAR DE SU DISCAPACIDAD

Félix Espinoza Vargas es un artista múltiple a pesar de su discapacidad con los brazos. Es decir sufre de Agenesia y le falta 1 metro de su cuerpo. A pesar de todas estas adversidades de nacimiento FELIX nació rebosante en 1955 en Yauli la Oroya. Desde muy niño tenía cierta vocación para el arte. Estudió su primaria en un Especial "La Alegría del Señor" de la Molina gracias al apoyo que le dio su mamá adoptiva Rose Marie Stemmier quien en compañía de una profesora de arte le enseñó los secretos de la pintura.

Sus primeros trabajos los realizó sobre la base de un papel impreso que lo cortó con una tijera en la boca. Desde esa época las heridas y cortes en los labios eran comunes en él. Como dice Félix aprendió con sangre estas habilidades... Después desde los 6 hasta los 16 años siguió estudios de arte en el Art Center de Miraflores como en la Academia Suarez Vertiz siguiendo pintura, dibujo, cerámica, acuarela, grabado en madera pero siempre como aficionado.

Al terminar su secundaria en la Recoleta siguió cerámica, escultura. Después su mamá alemana le pagó los estudios de Arte en la Católica en donde conoció al pintor Szyszlo. Luego obtuvo una beca de estudios en la University School de Inglaterra estudiando Arte, Idioma, Cultura Europea. Esta beca la consiguió gracias al apoyo de los de los Hermanos de los Padres del Sagrado Corazón.

Estudió en Europa en 1970 en plena revolución de mayo en París. Se dedicó a visitar a los intelectuales y a conocer artistas y músicos .Visitó los museos del Louvre, el Prado. Admiró las pinturas de Rembrandt, Cézanne, Matisse, Velázquez y Goya. Absorbió todas las corrientes pictóricas del momento. Comienza a vislumbrarse con los pintores impresionistas.

Félix refiere que no necesitó psiquiatra, ni psicólogo ni sicopedagogo para estudiar arte a pesar de su discapacidad con los brazos. En su vida artística ha realizado cerca de 170 exposiciones individuales como colectivas en todo el mundo. Y es reconocido por que en la mayoría de sus temas son peruanistas precolombinas y los revalora con lo moderno.

FAMILIA

Félix desposó a Dina Gonzales quien lo premió con dos niñas, Nicolly y Sully. A su hija Sully le está gustando la pintura, la danza, el canto. Es decir tiene cierta disposición genética para el arte. Nuestro pintor confiesa que en la mayoría de sus cuadros pinta temas de su entorno cultural. Le agrada los temas de Teodoro Núñez Ureta, Sabogal, Jiménez Borja .En la actualidad se está dedicando a la xilografía en madera.

RECONOCIMIENTOS

Debido a su incesante trabajo artístico Ana María Solórzano, presidenta del Congreso de la República premió a Félix el 15 de marzo del 2015 en mérito a su ardua labor pictórica, De la misma forma en la Habana el Presidente cubano Raúl Castro lo reconoció en el 2012 por su labor artística. Ha recibido condecoraciones en la República Dominicana,

Félix como artista se considera una persona cíclica que le gusta un tiempo la acuarela, el dibujo, la xilografía. Trabaja 8 horas diarias con práctica, amor y fe. Para el la discapacidad de sus brazos es una anécdota que le ha permitido vencer este reto físico contra viento y marea. Si queremos ver sus obras podemos hacerlo en el Book Store Z de la Rambla de San Borja.

EL SENTIR DE MÁXIMO DAMIÁN Y SU VIOLÍN ANDINO

A este sencillo y sensible músico ayacuchano lo conocí en 1969 cuando visitaba a Sibila Arredondo de Arguedas y a Alfredo Pita en la librería "Horizonte" de Paco Moncloa (Plaza San Martín). Es decir que la amistad que cultivó con José María Arguedas fue entrañable y trascendente porque siempre se comunicaban y acudían a las fiestas patronales juntos.

Máximo Damián tenía un profundo sentido telúrico andino cuando tocaba ensimismado su violín. Más si estaban presentes los bailarines danzarines de tijeras. Al suicidarse el novelista le pidió a Máximo y a Jaime Guardia que lo acompañaran a su última morada. Y cuando lo iban a enterrar en el cementerio "El Ángel" le tocó sentidas piezas andinas a su amigo, como "La agonía" y "Coca quintucha".

A Máximo Damián le rindieron homenaje en el Teatro Nacional y en un ambiente del Museo Nacional que estaba lleno de flores y en donde fue velado hasta el sábado. Los danzantes como sus amigos de la música vernacular estuvieron presentes y muy acongojados.

Varios amigos y artistas lo recordaban con rituales ancestrales como el pase de la coca, el culto a la chicha de jora, el maíz, el licor. Lo más importante tocando el violín. Estuvieron presentes intelectuales y poetas como Arturo Corcuera y Edmundo Murrugarra quienes declaraban a los hombres de prensa sobre las virtudes de este gran músico de Lucanas.

Pero lo más significativo fueron sus familiares que cantaban los temas andinos del repertorio de Damián. Su esposa Isabel Asto como su hermano Gustavo, sobrinas como Yamira Damián y otros amigos repetían en coro las sentidas tonadas que habría interpretado en vida Máximo Damián. Descansa en paz mito viviente del violín andino.

UN TESTIMONIO SOBRE LA OBRA DE BERNARDINO JINÉS Y SUS "PÁJAROS FRUTEROS" POR FÉLIX ARIAS

Es el testimonio de Félix Arias que le tocó vivir en su época de niño marginal. Estudiar como niño de la calle en el Hogar creado por Bernardino Jinés Huaringa es conmovedor. Este padre -maestro que fundó el 2 de mayo de 1945 este Instituto que se encontraba en el distrito de San Miguel y logró recuperar del abismo social a más de 6 mil niños "pájaros fruteros" y formó ciudadanos libres y conscientes. Es decir que fueron 28 promociones de niños abandonados que ahora reconocen la dimensión humana de sus ideales.

Cuando Pablo de Madalengoitia entrevistaba en televisión a Bernardino Jinés aquilató la dimensión de su obra. Lo retrató como un hombre bajo de estatura de pómulos salientes, cobrizo y nacido en la comunidad campesina de Muquiyauyo. Nadie se imaginó que sus actos humanitarios iban a trascender a nivel internacional. Más cuando la revista norteamericana "Selecciones" presenta un informe sobre la labor desinteresada de Jinés con sus "pájaros fruteros"; muy esclarecedor y reivindicativo. Así pudieron recibir mayor apoyo económico de otras instituciones.

TESTIMONIO DE UN PÁJARO FRUTERO

Nos cuenta Félix Arias que fue un "pájaro frutero" porque arranchaba la frutas de los mercados para comer, como se las ingeniaban para "comer de verdad" o el langoy que eran las comidas que sobraban en los chifas. Había rivalidades entre los pájaros fruteros y los paperos que dormían en los puestos del mercado, en un parque, en las escaleras o en la chacra. Buscaban la forma de supervivir como también se arrinconaban junto a las chimeneas que eran conocidas como el "calientito" y "súper calientito". O cuando eran recibidos por las mamás postizas que eran unas meretrices. La mayoría de estos niños que eran cobijados por estas señoras terminaban escapándose. Es decir no duraban en los burdeles donde habían llegado.

La mayoría de los niños pirañas, pájaros fruteros procedían del Agustino, Santoyo, Barrios Altos. La Victoria. Parada, Surquillo, Maravillas o Tacora. Su sacrificada madre Elena Portalatino llevó a su hijo a esta institución porque tenían problemas con su padrastro. Nos cuenta que estuvo 8 años en el Instituto y después regresó con sus hermanos y Jinés los recibió con educación y protección El no discriminaba a ningún niño abandonado sino más bien se compenetraba de nuestros problemas para ayudarnos.

Los días en el Instituto dirigido por Jinés y un equipo de docentes y exalumnos eran muy fructíferos. Nos enseñaban las clases prácticas en el huerto, nos daban utilidades, nos formaron en apicultura, en carpintería y albañilería. Este oficio me sirvió para mantener a mi familia. A ningún niño se le explotó con su trabajo. Lo que se producía eran para todos. Teníamos que dormir antes de las nueve de la noche. Si nos pasábamos nos castigaban haciéndonos bañar. Jinés nos daba libertad, nos comprendía y nosotros lo respetábamos. Por eso no entiendo como en la actualidad la educación peruana ha fracasado.

Arias refiere que en los 28 años que funcionó el Instituto se benefició a miles de niños de la calle. La mayoría tenían de 7 a 16 años. Como también nos hacían participar en los festejos de Fiestas Patrias, en las Navidades que eran muy significativas. Había mucha gente que nos traía regalos. Debido a su enseñanza práctica y humanística nos hemos organizado en la Asociación Bernardino Jinés con la finalidad de ayudar a otros niños abandonados siendo su Presidente Hermenegildo Alva.

Recuerda a los pioneros que ayudaron a Jinés. Se encontraban Federico Casas, Begazo, Osorio, Michula Campos, Cocodrilo, Manco Osman y Moche Urbano. También a mi amigos del "Especial" como fueron Manteca, Mugre, Carmelo, Chiquillo herido, Toscanito, Cholo Violeta, el gordo Toledo, los hermanos Candela, Saldaña, los hermanos Espinoza, los hermanos Gómez, el gato la Rosa muy peculiar, Zacarías, Bejarano, Panamioto, Ochoa y sus hermanos, el chino Chaile y el chueco Ortega entre otros. Recuerdo que entre los cooperantes estaban Edith Tschudi De Oechsle quien dirigía a unas damas suizas, también los rotarios, lo clubes de leones, la embajada de los EE. UU. entre otras instituciones y personas benefactoras.

Gracias al impulso y consejos sabios de Jinés pudimos construir varios ambientes del Instituto. Teníamos canchas de fútbol, de básquet, de vóley, como también nos íbamos al cine o al Huacon que era la huaca de los Tres Palos. Tuvimos un medio escrito y asesorado por el profesor Juan Espíritu que le denominamos la "Voz de los Pájaros Fruteros". Todos colaborábamos en 1963 y los lugares de venta eran las universidades de San Marcos y la Católica logrando emitir 18 números.

También organizamos una Cooperativa de Producción Juks con la finalidad de organizarnos para pagar nuestros estudios. En 1961 comenzó el sabotaje y el desprestigio contra la institución pero Jinés no se amilanaba. Jinés cuando cumplió 70 años y 40 años de servicio tuvieron que cesarlo colocando a otro docente que modificó todo el proyecto de Jinés convirtiendo este Instituto Hogar en un reformatorio, se impuso la política de puertas cerradas.

Al jubilarse se dedicó a apoyar a algunos niños y adolescentes fruteros. Hasta que llegó el 14 de marzo de 1983 en que falleció Bernardino Jinés a los 78 años: el fundador de la Escuela Hogar para niños desamparados el Instituto de Educación Especial N 3 la Escuela de los Pájaros Fruteros. Que no fue una cueva de ladrones como decían algunas personas sino una institución de ayuda humanitaria de niños y adolescentes en estado de abandono. Por eso en 1956 el Ministro de Educación Juan Mendoza le otorga las Palmas Magisteriales y en 1962 el Decano de la Universidad de Siracusa de Nueva York le envía una carta considerándolo un héroe de la educación peruana. Ojalá que la Municipalidad de San Miguel reconozca la valía de este educador poniendo su nombre a una de las importantes calles de este distrito.

V

GRACIAS VERACRUZ: LA POESÍA NOS UNE CON AMOR

Agradezco el reconocimiento intelectual que me ha otorgado Veracruz-México por mi labor poética y de comunicador social que trasciende el Perú por los valores morales y culturales que significa esta mención internacional.

Es admirable la labor titánica de promotores culturales que realizan Martha Durazzo, Anely Huber e Isidoro Montenegro logrando su objetivo que es la integración sin limitaciones geográficas. Más bien se empeñan en buscar la verdad, la justicia y el culto a la belleza en sus actividades sociales

Como diría José Vasconcelos que toda revolución social que se realice en cualquier parte del mundo tiene que estar unido al cambio de mentalidad del hombre y la mujer haciéndolos más humanos. Es decir más sensibles, conscientes y sociables en sus actos con los demás.

Veracruz es uno de los estados más importantes de México y tienen el prestigio de ser ejemplo de reivindicación social y de ser un puerto muy pujante en su intercambio comercial. Agregan a su historia a un dirigente sindical de mucha valía como es Rio Blanco que es uno de los baluartes de la lucha por los derechos sociales de los trabajadores y precursor de las ideas socialistas en dicho pueblo.

El Puerto hermano del Callao es el que recoge antiguas añoranzas históricas. Casi en similitud tenemos a la Fortaleza del Real Felipe y Veracruz con la Fortaleza de San Juan Ulua que es magistral en su fortificación militar y que trasciende nuestro tiempo con sus acontecimientos históricos y sus personajes epopéyicos.

Como diría el compositor Agustín Lara sobre Veracruz identificándome plenamente con ese sentir: "Yo he nacido con el alma de pirata", que busca nuevas emociones en sus viajes. O cuando Veracruz nos hace más poetas al exclamar: Que todas las noches de diluvio de estrellas, palmera y mujer". Es decir un lugar tropical en donde los que están enamorados de la vida se reivindican con el amor en un lugar acogedor.

Veracruz, Veracruz

en mi copa amante

saboreo tu mar

lleno de trópico y azar

LA EDUCACIÓN PERUANA: UNA GRAN ESTAFA

Qué tal vergüenza nacional que la educación peruana se encuentre última en la evaluación internacional de estudiantes que realiza cada tres años PISA. En este evento se evalúa los conocimientos en ciencias, comprensión lectora y lógico matemática. Ahora la culpa del desastre educativo no solo la tiene el Estado, los maestros, los padres de familia sino también los medios de comunicación de masas.

En mi artículo sobre "Los padres no sobreprotegían a sus hijos" refiero que en los colegios estatales no hay mística de cambio porque el Estado ha engañado a los docentes con falsas expectativas. Este sector trabaja con una autoestima muy baja a pesar del esfuerzo académico y profesional que realizan. Es falso que el aumento será de acuerdo a su meritocracia. Postulan 5OO buenos profesores pero hay vacantes para 5O donde se quedan los 45O con sus incrementos salariales congelados. Tienen que esperar otros tres años para concursar. Qué engaña muchachos.

Este fracaso de la educación se inició desde la época deAlberto Fujimori que la mercantilizó. Luego con Alejandro Toledo que les aumentó a la bonificación y no al básico. Alan García los despreció con persecuciones y subestimaciones. Fue el peor gobierno que hemos tenido en relación a la Educación. Ahora Humala ha maquillado la Carrera Pública Magisterial pero no hay un proyecto educativo, ni Estado Docente, ni menos liderazgo para inculcar al docente esta superación de los estudiantes que es lo más importante para el desarrollo social y cultural de los peruanos.

No hay que olvidarse que esta evaluación se realizó sobre la base de 510 mil alumnos de 15 años. Sobresalieron Shanghai, Corea del Sur y están entre los últimos en América el Perú, México, Colombia, Argentina y Chile. Me causa risa cuando el Ministro de Educación, el economista Jaime Saavedra, sostiene que la transformación de la Educación se va a realizar con la mejora de los currículos. Está fuera de la realidad porque esos correctivos han sido los principales errores de la no mejora de la enseñanza. Como también el tratar de copiar otros modelos extranjeros —chileno o colombiano—, como lo plantea el especialista Jaime Díaz.

También el exministro de Educación Idel Vexler aclara que este fracaso se debe a que este gobierno no ha seguido los lineamientos de comprensión lectora. Es decir, que no va al fondo del problema. Como también Hamer Villena, dirigente del Sutep, quien afirma que los docentes han sido conejillos de indias de diferentes gobiernos y por eso estas consecuencias han resultado negativas. Yo creo que su sectarismo político y la falta de preparación a los docentes a nivel gremial y la pérdida de clases[1] de los alumnos fue otro error que empujó a cientos de padres de este sector a la deserción de muchos de sus hijos y ser llevados de colegios estatales a los privados. En cambio la Derrama Magisterial sí ha realizado una serie de actividades de formación integral de los docentes.

En cambio Martín Vegas, viceministro de Gestión Pedagógica, refiere que los nuevos currículos se han realizado con las bases y principios de PISA y por lo tanto dentro de tres años se va a revertir esta situación. Si al maestro no le dan su verdadero rol protagónico no habrán mejoras ni a cinco ni cincuenta años. Ellos son los instrumentos del cambio y son los que conocen a sus alumnos, padres de familia y el entorno social donde se desenvuelven sus estudiantes. Otro punto que se debe de evaluar al personal que trabajan en las Ugeles. Muchos de ellos muy eficientes y experimentados en gestión educativa en cambio hay otros que son corruptos y negocian con los contratos de los docentes y los directores. Hay muchos directores y profesores que se creen dueños de los puestos de trabajo y no les dan oportunidad a las nuevas generaciones.

CAUSAS

El Estado explota al docente y lo subestima con sueldos de hambre. Los trata con un criterio economicista y no con una mística de superación de Proyecto Educativo. No hay una ascendencia de liderazgo que sostenga este criterio. Solo hay temor de los profesores contra las sanciones o contra cualquier subjetividad de los padres. El gobierno cree que con 4O alumnos por salón la educación mejorará. Ni que fueran magos los profesores. Se han convertido en cuidadores de sus hijos malcriados. Lo más dramático es que se contratan psicólogos que no son estables, con sueldos de 800 soles. Cree el Estado que estos profesionales con sus sugerencias y consejos mejorarán la conducta de los alumnos. Totalmente intrascendentes, porque solamente son profesionales de apoyo del docente. Los medios de comunicación son los principales desorientadores de la formación integral de los estudiantes. Porque han tomado a la Educación como un entretenimiento, *raiting,* escándalo, resaltando lo más negativo de esta sociedad como son robos, secuestros, violaciones. De estos antivalores los niños y adolescentes lo asimilan con suma facilidad.

Cómo va a funcionar una sociedad democrática sin valores. Donde la mayoría de los congresistas son gente indecente, como los líderes que están cuestionados. Es decir, un país que es primero en exportación de pasta básica de cocaína. En donde los ídolos, iconos o ejemplos a seguir de los adolescentes y niños son las vedettes, futbolistas o gente intrascendente. Con todos estos indicadores no vamos a ningún sitio sino más bien nos estamos preparando para recibir una generación inmoral y peor que la clase política que tenemos.

En relación con los padres de familia, la mayoría son sobreprotectores o indiferentes para la educación de sus hijos. Es decir no colaboran con el desarrollo integral de sus progenitores. Por ejemplo, cuando se convoca a los padres para charlas de orientación acuden cinco gatos. Como también protestan cuando los profesores les prohíben a sus hijos a que lleven celulares al colegio porque perjudica el dictado de clases. Ante esta realidad de insolencia e inmadurez esperamos que el Perú sea el primero en las evaluaciones internacionales. Ya León Trahtemberg nos decía que desde hace muchos años la educación peruana era una gran estafa porque es muy cognitiva y está fuera de las necesidades de la población y del país. Y que más bien los remaches que ponen a la educación no mejorarán nada. Y quesi se realiza una verdadera Reforma de la Educación, los resultados se verán dentro de cuarenta años. Y se tiene toda la razón.

Cómo extraño la Reforma de la Educación de Juan Velasco Alvarado en donde se le daba independencia de gestión a cada centro educativo, había más disciplina y la sociedad respetaba al docente como los padres. Estos cambios fueron trabajados por Augusto Salazar Bondy, José Bravo Bresani,Leopoldo Chiappo. Una educación para los valores de identidad. Luchaba contra la alienación social y se priorizaba la educación para el trabajo. Necesitamos que los docentes de acuerdo a su propia identidad social sean revalorados y sean ellos los instrumentos y guías del cambio. Es decir los llamados a realizarlo. Por lo tanto el gobierno tiene que invertir en este sector con un proyecto de desarrollo social alternativo. El especialista Sigfredo Chiroque aclara que educación debe ser de acuerdo a la realidad e identidad.

NUEVAS VARIABLES

El joven sociólogo y escritor Raúl Allain aporta a esta problemática y al fracaso que circunda. Agrega que ahora los estudiantes se han embelesado con la informática mal dirigida o abandonada y que en este camino se han estupidizado, debiéndose de buscar otras alternativas para el aprendizaje. Él plantea que los especialistas en problemas de conducta deben de reunirse para sacar nuevos planteamientos de desarrollo social. Y ahora que la Educación peruana es una estafa también se debe de mejorar la relación entre el Estado y maestros. Entre padres de familia y medios de comunicación. Si no funcionan estas transformaciones, hay que cuestionar al sistema demoliberal por inepto y plantear otro sistema en donde exista una verdadera democracia de justicia social y libertad para las mayorías. No puedo ser optimista como el Nobel Mario Vargas Llosa cuando mi pueblo se va cuesta abajo.

Una de las mejoras de este gobierno es apoyar la Educación de Estimulación Temprana y de Inicial[2]. Esto es muy importante porque de esta manera se promoverán nuevas generaciones con nuevos instrumentos y liberaciones como lo deseaba Paulo Freire. Esperamos que el gobierno tome una decisión política que comprometa a toda la población, instituciones y empresas privadas. De lo contrario terminaremos viviendo en una sociedad canibalizada, sin valores y respeto a sus semejantes.

EL RACISMO EN EL PERÚ. EL CHOLO QUE CHOLEA AL 'CHOLO'

En coautoría con Raúl Allain

En el 2014 el concepto de lo cholo desarrolla un determinante significado camuflado en base a desprecio social. Esto sucede porque ciudadanos de raíces andinas o amazónicas cuentan con mejores recursos económicos, pero no así una mejor preparación cultural y de conciencia social. Denominados "cholos cosmopolitas", se blanquean para asumir un nuevo estatus social. Son reconocidos como "la derecha bruta y achorada". Si no implementamos un proyecto nacional de integración social podríamos recaer en banalizaciones. Se concebiría una vergüenza más porque somos un país diverso con respecto a patrimonios culturales.

Los cronistas de la colonia testifican sobre el perro pelado como un animal chusco y vulgar (Pedro Cieza de León y Bernabé Cobo). Este animal también se hallaba en Centroamérica o en algunas etnias como Anahuac. El vocablo "cholo" ya existía durante esa época pero con otra connotación.

El historiador Juan José Vega sostenía que cuando llegaron los europeos a Tumbes y Piura estuvieron acompañados por indígenas de Nicaragua y Guatemala. Ya se conocía el vocablo "cholo" para calificar a los perros marrones o pelados. Los españoles llegaron con sus propios canes que eran feroces y conocidos como "comeindios", incomparables con los que pertenecían a naturales.

Felipillo y Gonzalillo eran indígenas tallanes que fueron transportados a la fuerza a Europa para ser adoctrinados, cristianizados y usados como traductores al servicio de los invasores. Explotaron y acusaron a su raza. Este cholo con poder ya choleaba a otro cholo. De la misma forma como lo hizo Mateo Pumacahua antes de darse cuenta del engaño de los chapetones. Es decir que estos cholos con poder ya choleaban. Actuaron de la misma forma con los negros (Arroyo).

En la colonia los curacas eran intermediarios entre los españoles y los naturales (Maria Rostoroswki). Muchos de estos curacas seguían con sus privilegios ancestrales. Sirvieron de puente social para que los invasores (corregidores y encomenderos) pudieran explotar mejor a los andinos tanto en los obrajes como en las minas (Cuadernos de visitas). Este enclave social de explotación entre hermanos de raza se legitimó.

En la época de la sublevación de Túpac Amaru encontramos en el aymara Túpac Katari, uno de sus más importantes lugartenientes, quien acompañado de su ejército andino arrasaba con todo lo que fuera español, mestizo o negro. Este tipo de racismo andino tampoco es justificable. Muchas veces la ostensión de poder político y social conseguido corrompe y convierte a las personas resentidas en seres discriminatorios e intolerantes.

En la época de la Emancipación los enfrentamientos entre realistas y patriotas en la Batalla de Ayacucho y de Junín fueron entre un ejército de indígenas realista contra otro ejército de indígenas y mestizo patriota. Es decir cholos contra otros cholos. Siempre existieron comunidades separatistas que no estaban de acuerdo con los gobierno de turno.

En la República los hacendados y gamonales usaban a los mestizos, negros e indios robustos para que obligaran a trabajar a los campesinos (José María Arguedas). En El zorro de arriba y el zorro de abajo esta situación de discriminación entre andinos o cuasi andinos se halla de manifiesto en las ciudades. De esta incomunicación y marginación entre nacionales se percataron por los viajeros extranjeros Raimondi, Darwin y Humboldt.

Es cierto que con la llegada de los europeos amestizados (latino, africano, árabe, persa, judío) se logró un nuevo tipo de mestizo americano. El cholo de la sierra, del norte, del sur y de la selva culturalmente y socialmente son diferentes a pesar de algunas diferencias de identidad local o pueblerina, pero en el fondo son iguales (Stefan Varese). Cada tipo de cholo con su propia característica. El cholo aymara es muy diferente del cholo piurano. Ambos con sus propias identidades pero cholos o indígenas para los extranjeros.

Nos podemos topar con comerciantes como intelectuales aymaras de mucho valor. Pero también alguno de ellos con cierto carácter intolerante. No aceptan tan fácilmente a los quechuas en donde se encuentran. Como apreciaríamos, la discriminación racial se da también entre etnias y grupos humanos. Por eso es importante que exista el liderazgo de un político o Presidente que aglutine en un proyecto cultural y político a toda esta diversidad social respetando sus costumbres. Es decir una identidad chola moderna.

El problema de la diferenciación social entre quechuas, aymaras o amazónicos se agudiza cuando se produce la segunda ola de migración en el 60 hasta nuestros días. Comienzan a diferenciarse entre cholos que se han quedado en sus pueblos y los que residen en Lima y asumen una nueva actitud social. En cambio muchos provincianos que residen en Lima se encuentran con la espada desenvainada llena de resentimientos. Es parte de la baja autoestima de muchos de ellos. Debiéramos vivir con la gente de los pueblos donde son más honestos y aman sus identidades.

PROGRESO

En Lima a comienzos del siglo XX la "choledad" era propiamente racial como lo definiría José Varallanos. En cambio Nelson Manrique agrega variables económicas y sociales. Cuando Juan Velasco Alvarado le rompe el espinazo social a la oligarquía no implementan nuevos valores ni sociales ni culturales como diría el Periodista Paco Igartua en sus memorias. Fue en ese momento en que se jodió el Perú y por lo tanto se cultivaron resentimientos sociales y mezquindades y mediocridades. No teníamos un proyecto nacional que guíe a las futuras generaciones. Nos dejaron acéfalos de dirección cultural y social. Fue una invasión social de grupos humanos contra otros. El "¡sálvese quien pueda!" se concebía determinante. Del ensayista español Ortega Gasset podemos afirmar que hay rebeliones de masas que se entienden positivas al comienzo… cuando se actúa para buscar mejores condiciones de vida. Pero en nuestra patria nos están dejando una nueva "choledad" resentida en Lima y por eso estamos viendo las consecuencias de diferentes tipos de violencia. Con una tercera generación que no tiene valores y son prepotentes y sin conciencia de sus ancestros. Esta choledad se ha dividido en tres formas que se plantean así: los que se quedaban en pueblos, los ancianos, los niños, los discapacitados, los pequeños agricultores y artesanos; los que llegaron a Lima, los emprendedores que formaron empresas con su propia voluntad y creatividad. Los otros cholos son el lumpen que esta diversificado en diferentes lugares sociales.

Fue la primera generación que se ubicó entre los pueblos jóvenes y conos. En el camino construyeron sus casas en las urbanizaciones. Este nuevo tipo de cholo andino o amazónico ganó una nueva posición social en Lima. Se enfrentaron ante el racismo del limeño prohispánico que se concibe como una extensión muy reducida en la capital. De allí nace la nueva conducta de un cholo moderno. Lo encontramos progresista en sus fiestas regionales como en los clubes departamentales. Muchos regresan durante fechas patronales a su terruño. Algunos ayudan a sus paisanos a construir obras en sus pueblos y otros regresan por entretenimiento.

En cambio en la otra vertiente de la "choledad" se encuentran los resentidos sociales, los achorados, los pandilleros, los sicarios... toda una gama de individuos que desean conseguir dinero y bienes de mala forma. No respetan normas y no tienen valores de convivencia, como los de construcción civil o los microbuseros. Hay muchos andinos que están metidos de pandilleros o de informales. Debería implementarse un nuevo proyecto social donde se integre a todos estos grupos con un derrotero de país. Y ya no avergonzarnos con la corrupción imperante que existe en la mayoría de las autoridades municipales y regionales en nuestro país, como manifiesta la Contraloría General de la República. Es decir autoridades cholas que roban a sus propios paisanos.

CONTRADICCIONES

Hay provincianos que han ganado una posición social con honradez y trabajo como los que circundan Gamarra, conos de Caquetá y mercados populares, pero también se procrean diferenciaciones sociales entre andinos y amazónicos pobres y los que gozan de dinero. Este detalle se percibe en los clubes departamentales. Muchos de ellos se encuentran en lugares residenciales. Esta es otra forma de "choledad" discriminativa o alienada.

No nos olvidemos que quienes van a votar en las próximas elecciones en su mayoría son jóvenes de la tercera generación de padres migrantes con una particular mentalidad de dependencia improductiva con base en la desmesura que produce la Internet y la pérdida de identidad y que viven en Lima. Muchos dirán que estos defectos también son padecidos por los migrantes asiáticos, africanos y europeos, es cierto pero estas son las minorías en nuestra patria. En comparación con los andinos y amazónicos. Ya no hay limeños puros y los que los dicen serlo son limeños hijos de provincianos y por su ignorancia y falta de autoestima de amor a su identidad son los más racistas. Los vemos en los pueblos jóvenes, en los barrios populares y en las urbanizaciones.

¿Hasta dónde este cholo peruano informatizado es reaccionario en su trato diario? Cuando conversamos con turistas europeos sumamente cultos que nos visitan en Cuzco o Puno, observamos cómo aman con mayor profundidad nuestras costumbres, las bailan y comen sus platos típicos, aprenden el quechua, se enamoran de jóvenes de dichos lugares y se sienten orgullosos. En cambio esta "choledad" se inserta en la derecha bruta o achorada, por no decir: estos "cholos de mierda" reniegan de sus ancestros. Esta situación tiene que cambiar con una verdadera Reforma Educativa.

Para mayores datos de esclarecimiento socioracial la National Geographic determinó que en nuestra patria casi el 75% de su población es indígena o de un mestizaje particularmente peruano. Entonces podemos preguntarnos por dónde sale ese racismo de cholos contra cholos, de la ignorancia mediocre de pueblos sin educación ni conciencia de quienes son.

INFORMALIDAD

Cuando una autoridad como Susana Villarán desea realizar reformas sociales tanto en el transporte como en el mercado mayorista vemos cómo reaccionan estos grupos de desadaptados. Están acostumbrados a coimear a las autoridades y convivir sin normas. Como notamos que el problema actual es racial pero ya no perteneciente al blanco, sino del indígena y el mestizo que tratan de imponer nuevas condiciones de vida y cholean a sus paisanos en la urbe.

Queda la impresión de que en todos estos sectores sociales de comerciantes e informales existe tal grado de conformismo que están satisfechos con la nueva posición social que poseen y no quieren que ninguna institución o persona la modifique. Qué diferencia con el indígena ecuatoriano y boliviano que sí aman su identidad y terruño sin menospreciar los aportes culturales, sociales y científicos que nos da la cultura universal.

¡LA AURORA BOREAL DE MORENO RAVELO!

En coautoría con Raúl Allain

Aurora Natural es un ensayo-poético "expresivo" por método del "naturalismo expresivo" que abraza el poeta y escritor **Arnulfo Moreno Ravelo**, quien atesora la virtud de exponernos con copiosa subjetividad: una ventana al alma naturalística. En la travesía de concepción primigenia descubrimos que en su prodigioso trabajo intelectual brilla la denominación «Extremos de la vida». Percibimos su condición de visionario de la realidad y fantasía que moraliza nuestra soberanía. El exclusivo corpus de metáforas que exterioriza se complica con la sensibilidad retraída del lector: sentimentalmente fructífera y benéfica en derivación.

La obra representa cincuenta subtítulos que simbolizan socialmente un racimo de flores cromático. Coexiste plasticidad interpretativa para desentrañar los enigmas de la naturaleza aislada de la enajenación delhombre respecto del género humano. Afirmemos que su expresión literaria pertenece al realismo mágico. Es un viaje al numen natural.

La aptitud literaria de Moreno Ravelo es congruente con una coreografía de personajes, ambientes narrados poéticamente. No desinteresa saber si es un relato-poema, cuento o novela, o si se trata de un broche de pintura surrealista a lo Dalí o poemas automáticos como desarrollan Breton o Aragon. En cohesión y libertad literaria también podría ser una novela. A partir de Bertolt Brecht entendemos que las significancias con base en una obra de estas características es el mensaje que se destina. El receptor puede percibirlo de diferentes talantes.

Como ejemplo de estos hallazgos se comprende el texto número uno: "**Anaranjada alborada del dulce amanecer mojada**". Se contrata una sinfonía de melodías, acompañado así de una danza de figuras naturalísticas. Mediante recreaciones totalitarias de la soberanía peruana, ambiente rural y en particular lo andino, Arnulfo nos confiere momentos de placer estético recavados en nuestra madre tierra. La particular exégesis no suele impregnarse en determinados imaginarios mentales, pues la apasionante lectura podría distraer el mensaje tácito, sublimante por cierto.

Consigue departir con la naturaleza por medio de imágenes que el poeta recupera del medio ambiente. Posee sensibilidad para peinar los cerros, zambullir los ríos, congratular las plantas, acariciar los vientos y convivir con la soledad de un boquerón. Desentraña sus misterios, cromatismo y rítmica confluyen y nos hace vivir con espontaneidad la beldad del entorno, cual fémina joven que promociona socioculturalmente imágenes holográficas para contrarrestar metafísicamente nuestro alienado y enajenado espacio proyectivo. Por ejemplo, convergemos en la presencia intelectual de la joven estudiante **Ljubica Bogdanovich** quien profesa un conocimiento mágico moral vanguardístico. Se rinde culto a los apus tutelares: espíritus juguetones. Es decir, como "Confucio el poeta" escudriña al espíritu de una jerarquía cosificada. Pues tiene los ojos para visionar un paisaje mundial y los seres humanos que alberga y que en éste enunciado radique el enigma que nos proporciona la *poiesis* que navega entre lo natural y artificial.

Otra característica es el magma creativo donde se descubren 'perlas poéticas' de gran significación en los subtítulos desemejantes. Así afirma: *El sol pintado de amarillo intenso o sueño escrito en una luna derribada o con impenetrable sequedad en la sombra, o en una gota condensada del día*. Es un pentagrama de descubrimientos, emociones y disciplinas.

El vate aflora toda su irreverente fantasía cuando reafirma: *Encendida fragancia doliente. Aquí estremecido por los fenómenos naturales se humaniza*. En otro texto exclama el amor redondo del agua, o cómo acaricia el firmamento de la felicidad. Se atreve a ir más allá de la existencia táctil. Y enuncia que la poesía aún existe comprendida en el lenguaje. Intelectualmente nos confabulamos con esta apreciación. Arnulfo Moreno Ravelo se aflata en una sociedad preindustrial.

Empero sigue satirizando el materialismo histórico con su danza de versos. La fatalidad se echa a reír: captura en la sombra del tiempo: sed del desierto. Con sus pinceladas investiga el origen de un mundo carente de afecciones, buscando encapsular el edén. O cuando ora por el día que oprime el alma o la arena ardiente del mediodía. Como advertimos la totalidad de estos trazos poéticos son brochazos espacio proyectivos naturales para enseñarnos socioculturalmente la vereda que depara a todo individuo-adivino respectivo de su tiempo y ambiente.

Científico-socialmente, se puede aseverar que *Aurora Natural* pertenece al realismo mágico. La corriente en su expresión fenece y nacen textos como "Ilusoria epidemia", de autoría de Raúl Allain. El sentido comunicacional naturalístico que manifiesta este 'genio afable literario', despeja la "naturaleza" telecomunicacional y hace del diálogo con la naturaleza una profecía comunicacionante. La aspiración al **Premio Nobel de Literatura** se concretiza.

HUMBERTO PINEDO MENDOZA: EL POETA DE LA CONCIENCIA

Por José Beltrán Peña

Cuenta el poeta peruano de la generación del 70, Humberto Pinedo Mendoza, que cuando estuvo en La Habana (CUBA) su amigo-poeta Ricardo Zanabria al leer sus versos le dijo: "Mira chico, tú pareces un poeta de la conciencia".

Y no se equivocó el poeta cubano puesto que ya otros vates y críticos literarios ya habían declarado ello, por ejemplo: Raúl Allain sentencia: "Humberto Pinedo es un poeta de la conciencia porque expresa con sus versos el sentir del hombre de nuestro tiempo, con palabras crudas, reales, enfáticas, comprometidas, directas sin matar la imaginación". El poeta mexicano Isidoro Gómez aclararía: "que se compromete con los problemas humanos de nuestro tiempo". El poeta chileno Flores Letelier sostuvo que: "Humberto Pinedo fusila la realidad con las palabras".

Hace poco tiempo, recalqué que: Los versos de Pinedo no tienen nacionalidad, raza, religión. Para qué seguir conceptualizando o mencionando otros nombres de colegas que se han dedicado a estudiar o comentar su obra, mejor leamos sus últimos poemas para comprobarlo:

VIVIR CON LA POESÍA

Poesía son los que nos amamos sin reparos

Poesía son las vidas que nos sorprenden

Poesía son los que creamos los iluminados

Poesía son las personas que nos subliman

Poesía son los hijos soñados de la ternura

Poesía es el convivir la inocencia al despertar

Poesía es el tiempo que nos alimenta los sueños

Poesía es el corazón de niños que nos alienta

Poesía es el destino que nos inventa la belleza

Poesía es la pasión querida de morir luchando

Poesía, poesía, poesía es mi creativa existencia

LA NAVIDAD SIN DIOS

Aquellos niños sin nombres

Aquellas madres engañadas

Aquellos padres sin trabajos

Aquellos ancianos olvidados

Aquellos jóvenes sin futuro

Aquellas mujeres violadas

Aquellos hombres apresados

Aquellos obreros explotados

Aquellos muertos de hambre

Aquellos sin hogar ni futuro

Aquellos presos sin castigo

Aquellos enfermos sin cura

Aquellos, aquellos, aquellos

GENERACIÓN MUTILADA

Quisimos ser hombres y fuimos matones

Quisimos ser amantes y fuimos puteros

Quisimos ser familia y fuimos estorbo

Quisimos dioses y fuimos morbosos

Quisimos ser gloriosos y fuimos traición

Quisimos ser poetas y fuimos borrachos

Quisimos ser hidalgos y fuimos mediocres

Quisimos ser señorío y fuimos groseros

Quisimos ser andantes y fuimos burgueses

Quisimos ser honrados y fuimos fachosos

Quisimos ser gallardos y fuimos suicidio

Quisimos ser humanos y fuimos bufones

CRISIS DE AMOR

Como quisieras ofrecer ternura sin recoger dañino encuentro
volviendo tu rostro sin desdén y quedarte libre de engaños
tratando cubrir deseos con embeleso sin requiebros ni furias

Como añoras cariño sentido de mujer sublime que nos libera
entregando pedazos de su vida al trajín de hombre amoroso
logrando llenar la soledad que te acogota tu pasión hidalga

Como deseas tenerla curando entregas sin falsas inquietudes
amándola sincero sin espíritu azaroso y deseoso de inmolarte
recuerdos hermosos que alegran tus quejidos con sorpresas

¡MADRE MÍA PERDÓN!

A LUISA MENDOZA DE PINEDO ETERNAMENTE

Como recordar mis travesuras con caprichos de infante
tan amorosa recibías mis cuitas en tu regazo materno
que manera de incomodar tu alegría preciosa compañía
y nos protegías altiva cuando me escondía sin temores
¡Madre mía perdón!, por no entender tu corazón solidario

Cuando jugaba sin medir el peligro nos observabas con cariño
esperando muy ansiosa a mi padre que te engreía sin reparos
crecí sin odios lleno de atributos nobles de hacer el bien a todos
sabiendo que nos esperabas a dormir con tu dulzura paciente
¡Madre mía perdón!, por ignorar muy torpe tus consejos amorosos

Compartías mis estudios y llenabas con frutas y amor mi mochila
me despedías afanosa cantándome un tango o un pasodoble
quedaste grabada en mi conciencia de niño sensible matrona
que siempre estabas atenta a nuestros juegos y rebeldías sin límite
¡Madre mía perdón!, por no entender tus afanes de protegernos

Crecimos con tus valores de decencia y tus ideas de nobleza
hacia los pobres y así transite por la vida sin prejuicios dañinos
tuve amores, tiernas esposas que el destino por fortuna me regalo
cuando de romances se trataba y te increpaba airoso mi sentir
¡Madre mía perdón!, por no tomar en cuenta tu sensata opinión

Cuando llegué a adulto sin reproches ni paseos descubrí tu grandeza
con seres adoloridos sin justicia social que me enseñaste a recorrer solo
por eso mis hijos te cuidaron hasta los últimos días de tu vida ejemplar
que me hacían vibrar al recordar las primeras letras que aprendí contigo
¡Madre mía perdón!, a mis 70 años sentidos y huérfano de tu mirada infinita.

ALEJADO DE TI

A Nenita con amor

Qué lejano resultó este viaje que nos desconsoló el corazón
tu espíritu lleno de bondad los esperábamos muy entristecidos
mujer te extrañábamos mucho al no sentir tu presencia grata

Qué necesidad de encontrar tus caricias y reproches queridos
esperando callados y deseosos tu regreso que alejaban los días
Nenita cuánto vale tu cariño sin condición que acompañe familia

Qué tibio el calor de la almohada sin tu aliento, sin tus cuidados
que no me despertaban en las noches añorando tu compañía
Esposa sin tu presencia nos entregamos azarosos a la soledad

LA POESÍA CONSCIENTE DE HUMBERTO PINEDO

Por Raúl Allain

A pesar de que en España hubo un movimiento ideológico y poético marxista por la década del 90', la poesía sirvió para sus integrantes como un instrumento de lucha social y de liberación. Demostraron con sus poemas su disconformidad con lo establecido y mediante una particular poética en pos del entendimiento de las mayorías.

Pero el poeta Humberto Pinedo Mendoza llega a este estilo de poesía consciente con su propio sello en el lapso de 50 años escribiendo poesía. En sus inicios estuvo influenciado por el experimentalismo brasileño y la poesía del Siglo de Oro español en lo castizo.

Este estilo clásico y de ruptura con lo establecido lo descubrimos en los versos que en 1970 publicó el Suplemento El Dominical de *El Comercio*: "Rumo, me gasto, tramo, monto, rumo toda una tragedia existencial de un hombre". Poesía muy sugerente para su época.

Como diría Abelardo Oquendo, existencialmente Humberto Pinedo usa como terapia los versos para comunicarse. El psiquiatra Alberto Seguín rastreaba este enfoque. Nos muestra la deshumanización del hombre, la lucha contra la cosificación (Herbert Marcuse). Este es un poema con rostro, este es el rostro de un poema, o "zurró a palos a mandón estado, su lomo, su cogote su hocico".

A pesar de esta ruptura con el lenguaje y con lo establecido, su desesperación para comunicarse es irreversible, como sostenía Humberto Eco. Nos habla de otras formas de comunicación y Humberto aporta al lenguaje nuevos giros y signos.

Fue en esta época que junto con el poeta Jorge Ovidio Vega realizaron una poesía de ruptura con el lenguaje, el tiempo y la sociedad. Tamayo Vargas diría que H. Pinedo es un poeta sintagmático y contestatario. En cambio el poeta chileno Flores Letelier sostiene que sus versos parecen una metralla de palabras con contenido social.

Luego en la época de la revolución de Velasco y de la subversión, Pinedo logra plasmar poemas más comprometidos y de connotación protestataria: "Los abandonados", "La vida no vale nada", "Maestro de pueblo joven", "Los sirvientes", "Los pequeños burgueses". Muchos de estos versos están incluidos en sus libros *Topus*, *Avizor*, *Convulsión*. Poemas donde se incide en la protesta pero usando la sintaxis. Algún crítico diría que estos poemas se parecen a telegramas llenos de sentimiento.

En sus viajes a Cuba, México, Panamá y Venezuela asimiló mucho estas realidades sociales y culturales. Se dedicó a escribir poemas conscientes históricos: "Poema al pie del Teotihuacán", "Fuerte de San Juan Ulúa de Veracruz" o el poema a La Habana Vieja.

Como se puede apreciar, internacionaliza la protesta como cuando el poeta Zanabria descubrió que era un poeta de la conciencia. Porque está comprometido existencialmente con el hombre de nuestra época. "Para qué sirvo, para qué hablo, para qué sirvo", la condición humana. Complementa estos juicios José Beltrán Peña cuando dice que con sus poemas escarba la realidad actual – "¿Qué somos humanos o zombies?", "Masacre en Gaza", "He vuelto a nacer", "¡Madre mía perdón!". Humberto Pìnedo es un poeta de la conciencia por eso nos hace reflexionar y sentir con sus versos.

UN POEMA CONSCIENTE EN UN HOSPITAL

POR HUMBERTO PINEDO

DE TUMBO EN TUMBO RECOJO MIS PASOS

Qué azarosa es la vida que recogemos sin dudas ni rumores
endiosamos ídolos y dinero sin atinarnos a prever enfermedades
corremos aventuras, ganamos experiencias como inmortales
así caemos, nos levantamos, volvemos a caer sin aprender a ser humildes.

Perdemos el tiempo, nos engañamos y sin remordimiento insistimos
qué ingenuos somos creyendo ser dueños de nuestro existir pobre
hasta que el destino nos tumba en la cama de un nosocomio ajeno
de tumbo en tumbo nos damos cuenta que somos frágiles ante la muerte.
Qué suerte nos depara el cuerpo cuando nos ataca el malestar asesino.

Deseamos ser fuertes pero nos vence el quejido y el malestar de esperar
así tropezamos con otras tristezas que ambiente quejoso nos humaniza
sentir el dolor de los otros que son peores que las tuyas te enciende
y tu animo se estropea y comprendemos lo duro que es la vida, enfermo.

POEMAS CONCRETOS RECIENTES

A MIS NIETECITOS GABRIELITO Y VALENTINA
VOLVER A VIVIR

Ternura infinita que me alientan a recorrer sereno trecho
rodando con este insólito destino mis sueños despierto
sin ocultar mi emoción en este camino oscuro de dudas.
Seres que me ofrecen cariños sagrados a futura ilusión.

II

Consiguen levantar ánimos golpeados de hombre luchador
logrados amores que han nacido sin manchas ni dolores
trofeos preciados sencillos que ofrecen fuerzas a mi trajinar.
Y que amando sus vidas benditas cobijo a queridos hallazgos.

III

Recoger su despertar de ensueños que reconfortan horas
viviendo tranquilo de sus purezas con canciones elevadas
sus miradas inocentes que comparto mil veces sus ansias.
Preciosas criaturas que siempre cobijaré en mundana diestra.

IV

Perdonen mis pasos agotados en intensa búsqueda del amor sublime
amadas compañías que llenan sin condición mi visión justa de vivir
bálsamo diario alumbran mi tiempo muy alegres de rebelde hombre.
Muy grato premio sus mimos, pucheros y arrullos que engrió de ensueño.

V

Que triunfos mágicos encienden mi corazón con bendita alegría
desempolvando mis penas de azarosa agonías con mis cantos
paseos increíbles que despiertan ilusión a mis horas integras.
Devolviendo paterno aliento a mis nietos queridos con fortuna.

VI

Mi gabrielito tus juegos encienden mi corazón sin reparos
tu cariño eterno lo guardaré dichoso por amada sorpresa
saltarás conmigo muy afanoso desbordando tu fantasía.

Acompaño travesuras con regalos que engañan duendes.

VII

Sin engaños comparten felices mis brazos de cariño pleno
inspirado les busco un dorado Castillo que visiten sin temores
los recibo grato y deseosos de enseñarles valores preciados.
Volviendo sin pataleos ni engaños ociosos ganamos a la vida.

VIII

Que infantil despertar recibe mi futuro y sin rubor mis días
curando mi alma de jolgorios y mil recuerdos me reconforto
que suerte que tomaras mis fuerzas y educados acciones.
Adorados niños acompañare sus aventuras en trechos difíciles.

IX

He vuelto a nacer ganando tu inocencia y despertar ingenuo
tus preguntas las convierto y las enciendo con devoto cariño
consejos maduros que te ofrezco en un campo lleno de dudas.
Que viviendo felices sin lágrimas protejo sus años maravillosos.

X

Que sonrisa graciosa consigo tomar de tu infancia noble
ganando tus bondades al recibir a engreídas compañías
volviendo a descubrir sus encantos de criaturas mortales.
Llenándolos de amor, de alegrías y de felicidad sin reparos.

XI

Valentina eres mi niña bonita que reconforta mi destino
que despierto muy alegre al darte un hesito de mañanitas
y cargando a princesa consigo el despertar que me alivia
Preciosa muñeca crecerás en mi corazón amándote siempre

XII

Cuantas veces bendeciré amada sonrisa de inolvidable bebé
que me encienden de dicha al verte crecer amorosa y dulce
y así protegeré tus desvelos que curan mis años de guerrero.
Recogiendo tus alientos, sueños y juegos que me dan vida.

AL PIE DEL TEOTIHUACAN

Que fuerza mágica sostiene tu pasado que me doblega el corazón
el cielo te recoge con tu inmensa atracción cubierta de deidades
que recupero con mis pasos vividos de historia y de eternidad
construyendo sagrado imaginario cubierta de escaleras mixtecas.
Teotihuacan al ver tu cuerpo me sabes a puma a gorrión y a molle
que energía hercúlea y de sabios arquitectos adivinaron tu futuro
trabajó estas piedras llenas de geometría y de profecía astrológica
guerreros endiosados levantaron estos castillos de añoranza lunar.
Al sentarme en tus piedras sentí que mi sangre hervía como el volcán
con tus fortalezas, tumbas y centros ceremoniales me alucinas los días
y con tus edificios y misterios sorprendes a los humanos que te visitan
pregonando valentía y encanto a esta tierra de la serpiente emplumada.
MÉXICO 10 de setiembre del 2015

MALDIGO TUS ENTRAÑAS

A los frívolos arrincono sus corroídas entrañas golpeando sus futuros
historias crueles recojo en las noches llenas de insomnio y recuerdos
bárbaras pisadas de seres sin valores sin destinos que castigo molesto.

Que camino que nos lleva al abismo insano repitiendo sus desgracias
cayendo a pedazos niños, adultos y ancianos enarbolan su perdición
ante banales personas que anudan los cuellos de paisanos que sueñan.

La TV te carcome y mujeres calladas maquillan sus caretas de engaños
que patraña, que no piensen, no recuerden, que no critiquen al verdugo
olvidan sus conciencias, sus desvaríos y no responden preciados alientos.

Matando su dignidad recogen sus ilusiones marcadas en mil traiciones
por eso enciendo rebeldía contra inmunda gentuza que pervierten amores
de humanos que desean inocencia de esta maldición sin patria ni castigos.

Que cretinos fantasmas nos escupen veneno con vulgar suerte, ¡horror!
rodando no crecen, no andan, no avanzan, no son libres, en la ciudad amada
de ensueños, comparsas y alaridos que nos descubren sublime encuentros.

Por eso despierto mis fuerzas dejando una bandera que nos libere siempre.

HORACIO SIEMPRE

Entregaste tu vida luchando por la dignidad de los maestros
buscando que los panes de sus hogares aumentaran en calorías
y llegaran alegres a las aulas con energía y lucidez de apóstol.
Tu ejemplo rondara en sus corazones al recoger tus ideas.

Luchador tus protestas son nuestras armas de combate siempre
a pesar de los insultos torpes de enemigos sin bandera ganamos
logramos más derechos a los sufridos maestros que te agradecen.
Añorando tu conciencia y rebeldía contra el sistema que los oprime.

Como faltan Horacios en nuestro pueblo llenos de visión magisterial
rompiendo barreras a gobiernos insensibles de urgentes necesidades
seguiremos luchando por los niños del Perú que necesitan estudiar
Tu bandera social crecerá en todos los rincones deseosos de aprender.

Maestro, tus sueños se harán realidad inmediata en nuestras clases
al juntarnos docentes y pueblo en esta aventura de reivindicación
que acogerá los nuevos hombres llenos de euforia y protesta social.
Y que algún día será una vibrante antorcha que ilumine nuestra patria.

¡ES TIEMPO DE GRITAR!
A LOS JÓVENES

¡Es tiempo de gritar!, niños que nos convierten en plantas, animales y cosas
pobres gentes que mienten sin compasión de que estamos en otro mundo.
Que pueblo sin memoria, sin conciencia, sin convicción que no reaccionan.
¡Es tiempo de gritar!, que no podemos ser parias de estos mediocres seres
de mandones que no reconocen nuestros pasos ni derechos ni sacrificios
hiervo de cólera, con mi sudor, mi cuerpo, mi alma y mis cantos heridos.
¡Es tiempo de gritar!, contra los pobres diablos que nos destruyen sueños
sin moral, sin valores, sin banderas que nos lleve a un lugar sin perdición
corruptos ejemplos que infectan a bebés en el vientre de madres inocentes.
¡Es tiempo de gritar!, viejos amigos por jóvenes perdidos que pululan
y no saben dónde van, de donde vienen, quiénes son. ¡Qué increíble!
Sin aliento agreden nuestros corazones. Especies malditas sin futuro.

MASACRE EN GAZA

Abraham mueren niños, mueren inocentes, muere el futuro sin paz
Palestina se pone de pie y el mundo responde ante la destrucción
caen mujeres, ancianos y civiles y no hay reconciliación con los judíos
ametrallan sus escuelas, mercados, hospitales sin compasión humana
la venganza persiste y las Naciones Unidas no evitan el derramamiento.
Moisés que desgracia que tu pueblo no entiendan la libertad del vecino
el hombre contra el hombre, la muerte contra la muerte. Es la maldición
increíble la vida no vale nada en estas tierras de faraones y de reyes
donde están los sabios que no pueden evitar que la ternura siga llorando.

MIX
Papier aus verantwortungsvollen Quellen
Paper from responsible sources
FSC® C105338

Printed by Books on Demand GmbH, Norderstedt / Germany